AF590679

Collection du Bibliophile Parisien

BIBLIOGRAPHIE
critique et raisonnée
DES
ANA
FRANÇAIS ET ETRANGERS

PAR

A. F. AUDE

Ouvrage orné d'un frontispice gravé

PARIS (IXe)
H. DARAGON, ÉDITEUR
96-98, RUE BLANCHE, 96-98

1910

BIBLIOGRAPHIE DES ANA

Cet ouvrage a été tiré à 500 exemplaires numérotés et signés :

10 ex. sur Japon avec triple suite du frontispice	(1 à 10)
10 ex. sur Hollande avec double suite du frontispice	(11 à 20)
480 ex. sur alfa vergé — —	(21 à 500)

FRONTISPICE DE SCALIGERANA

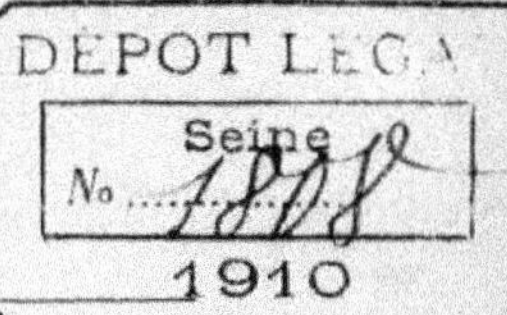

Collection du Bibliophile Parisien

BIBLIOGRAPHIE
CRITIQUE ET RAISONNÉE

DES ANA
FRANÇAIS ET ÉTRANGERS

PAR

A.-F. AUDE

Ouvrage orné d'un Frontispice gravé.

PARIS (IXe)
H. DARAGON, ÉDITEUR
96-98, RUE BLANCHE, 96-98

1910

MON CHER AMI,

C'est avec une joie, partagée, j'en suis sûr, par tous les véritables bibliophiles, que je salue la publication de la Bibliographie des ANA. *Votre collection de ces curieux ouvrages est sans doute la plus belle qui ait jamais été rassemblée et ce sera une bonne fortune pour les travailleurs de pouvoir consulter le volume dû à vos recherches et à votre érudition.*

Car vous êtes de la race de ces lettrés consciencieux, de ces chercheurs qui voient dans la possession du livre autre chose qu'une satisfaction d'amour-propre, de ceux qui lisent et savent tirer de leurs lectures de savantes monographies dont l'histoire et la littérature font leur profit.

Certes, vous aimez les beaux livres, et, si vous ne cédez pas à la gloriole de disputer aux Américains, en de retentissantes enchères, tel volume précieux, vous avez du moins su grouper dans votre bibliothèque, à côté des maroquins « aux armes », d'intéressantes collections, au premier rang desquelles on doit placer les ANA.

Et moi aussi, dans ma jeunesse, j'avais rêvé d'enrichir

d'une unité cette pittoresque série et de réunir en volume ces traits piquants, ces mots à l'emporte-pièce entendus dans la rue, répétés au club, ramassés dans le journal, en un mot la fleur de l'esprit parisien : Cela se serait appelé ASPHALTIANA.... *Je livre le titre à qui voudra le prendre.*

*Recevez donc mes compliments de votre ardeur à nous faire profiter du fruit de vos recherches. Le chevalier Aude, votre ancêtre, ce grand vaudevilliste devant l'Éternel, encouragerait sûrement vos efforts et applaudirait au triomphe de l'*ANA *— cette sélection suprême.*

Puisse votre joli volume devenir, récompense bien douce au bibliophile passionné que vous êtes, l'un des plus rares de la collection si savamment décrite par vous.

Paris, ce 16 mai 1909.

Bon ROGER PORTALIS.

AVANT-PROPOS

Lilienthal, dans ses *Selecta Historica et Litteraria (Regiomontani et Lipsiæ* 1715*)*, nous donne la meilleure définition des Ana. Ce sont, dit-il, des « *Collectanea erudita,* « *quibus singularia cogitata acute dicta effata, præcepta* « *moralia, observationes historicæ criticæ et litterariæ,* « *necnon judicia de doctis et eorum libris promiscue conti-* « *nentur, e quotidianis sermonibus aut scriptis clarorum* « *virorum quorum nomina præ se ferunt congesta, ac ple-* « *rumque post mortem illorum ab aliis publicata* ». En résumé, les Ana sont la plupart du temps des recueils d'anecdotes, de pensées, de bons mots attribués à un personnage célèbre.

L'origine de cette sorte d'ouvrages est fort ancienne; les *Symposiaques* de Plutarque, les *Memorabilia* de Xénophon, les *Nuits attiques* d'Aulu-Gelle peuvent être considérés comme les prototypes du genre.

Au dix-huitième siècle, le père De La Duguerie, jésuite,

ayant écrit à Huet, évêque d'Avranches, pour lui demander l'origine des titres en Ana, celui-ci lui répondit par une liste des ouvrages de l'antiquité qui avaient rapport de près ou de loin à nos Ana. Il cite entre autres les *Jasoneia* dont parle Strabon, les *Orphica* qui contenaient la doctrine d'Orphée, les *Pythagoreia* composés par Xénocrate, les *Œsopica* par Démétrius de Phalère, les *Pyronneia* par Œnesidemus, les *Plotineia*, les *Clementia*, etc., etc. Il croit que si les auteurs de ces ouvrages avaient vécu de notre temps, ils eussent donné à ces recueils les noms de *Pyrrhoniana*, de *Plotiniana*, etc.

Les ouvrages les plus anciens que nous ayons rencontrés portant la désinence « ana » sont le *Bebeliana* (1509), le *Coryciana* (1514), le *Grobiana* (1549), le *Martiniana* (1606). Mais, comme on pourra le voir à leur article descriptif, ces ouvrages n'étaient rien moins que des recueils de pensées ou de bons mots.

L'auteur qui employa le premier la dénomination d'Ana dans le sens que nous attachons aujourd'hui à ce mot, est Pierre Pithou qui écrivit en 1616 un recueil, resté manuscrit, des propos de son oncle auquel il donna le nom de *Pithœana*.

Et cependant, bien avant la rédaction de ce manuscrit, le 14 avril 1415, Guarinus de Vérone écrivait à l'illustre Manuel Chrysoloras : « *Je remarque que plusieurs fruits* « *conservent fidèlement les noms de leurs inventeurs et les* « *transmettent à la postérité. Qui nous empêche de donner* « *le nom de Chrysolorina à ces semences nouvelles de lit-* « *térature et des beaux-arts que vous avez transplantées* « *parmi nous ?* »

Il est assez vraisemblable que Pierre Pithou n'avait pas eu connaissance de cette lettre, pas plus que de celle que Francesco Barbaro écrivait de Venise deux ans plus tard, en juillet 1417, au célèbre Pogge et dans laquelle il lui disait : « *De même que les cerises ont été appelées Luculliana, de Lucullus qui les avait apportées de Syrie, les jujubes Papiniana, de Papinien, de même que les pommes ont été appelées Appiana, de Claudius Appius et les poires Malliana, de Mallius, ainsi on appellera un jour Poggiana, les semences et les fruits de littérature que vous avez apportés d'Allemagne et d'Italie.* »

Mais enfin, tout cela n'était que des suppositions et il faut bien restituer à Pierre Pithou la gloire d'être l'inventeur de la dénomination d'Ana. Ajoutons en passant qu'il sous-entendait le mot Miscellanea, Adversaria, Collectanea ou Anecdota. Ce qui nous le fait croire, c'est que jusqu'à la fin du dix-septième siècle on disait *les Pithœana, les Perroniana*, etc.

En tous cas, le premier ouvrage qui ait été donné au public sous le nom d'Ana est le *Scaligerana* imprimé en 1666. Ce fut le début d'une période brillante qui vit éclore les *Menagiana*, les *Carpenteriana*, les *Sorberiana*, etc.

A cette époque, ces ouvrages étaient écrits par des hommes de grand talent et demeuraient le régal des lettrés et des délicats. Ils répondaient vraiment à l'idéal que La Monnoye se faisait des Ana et qu'il s'est plu à nous dépeindre dans la préface du *Segraisiana*. « *Ces sortes de recueils, dit-il, seraient très dignes de notre curiosité, s'ils répondaient à l'idée que nous avons coutume de nous en faire. Nous nous attendons à y trouver des bons mots, des traits singuliers d'érudition, des corrections de passages jusque-là désespérés, de petits contes originaux, de fines anecdotes, quelque épigramme bien tournée. C'est à ce coin que les bons Ana doivent, ce me semble, être frappés; il n'en a peut-être point paru jusqu'ici qui ait eu tous ces ornements.* » Cette dernière réflexion, dit le Père Adry, n'est qu'un trait de modestie de sa part. Ce n'était point à lui en effet à louer le *Menagiana* qui venait de paraître, dont il était l'auteur et qu'on peut lire encore de nos jours avec le plus grand fruit.

Cette période, pour brillante qu'elle fût, dura peu.

On dirait qu'Urbain Chevreau prévoyait à cinquante ans de distance l'avènement du genre poissard dans la littérature, quand en 1697, dans sa préface du *Chevræana*, il prévenait « *ceux qui cherchent les mots des halles et des* « *corps de garde qu'ils ne trouveront pas ici leur compte.* »

Vers le milieu du dix-huitième siècle la liste des Ana sérieux est définitivement close. En 1722 l'abbé Cherrier publie son *Polissoniana* qualifié par d'Artigny de « *Recueil à l'usage de la canaille* », et on peut dire que la décadence des Ana commence à l'apparition de celui-ci. Désormais, ces ouvrages vont aller en diminuant d'intérêt et de valeur littéraire pour descendre jusqu'au *M....ana* en passant par le *Grivoisiana* et le *Poissardiana*.

Qu'aurait dit Saint-Évremont en voyant ces recueils, lui qui trouvait l'*Arlequinia* de Cotolendi cependant si littéraire et si fin, « *bon tout au plus à amuser la livrée!* »

Dès lors, à l'exception de quelques bons ouvrages comme l'*Arnoldiana*, de quelques tours de force comme l'*Anagrammeana*, les nombreux Ana publiés de 1730 à 1830 méritent à peine un souvenir. Cousin d'Avallon, Armand Ragueneau de la Chaînaye et Simon Blocquel deviennent, suivant l'expression de la Grande Encyclopédie, « *les fabricants attitrés de ces petits livrets que fai-* « *saient inévitablement naître la pièce en vogue, le livre à* « *succès, le personnage du jour.* » C'est ainsi que l'apparition du *Génie du Christianisme* fut aussitôt suivie d'un *Christiana*, que les *Madame Angot* et les *Cadet Roussel* du chevalier Aude firent éclore une demi-douzaine d'*Angotiana* et de *Rousseliana*. Et cependant il faut bien reconnaître qu'au milieu de ces niaiseries et de ces redites on trouve des indications dont l'histoire et la littérature peuvent encore tirer profit.

Le premier des auteurs d'Ana auxquels nous venons de faire allusion, mérite une mention particulière. Cousin d'Avallon, de 1800 à 1840, n'a pas écrit moins de trente-et-un de ces petits ouvrages. Nous avons le regret de dire que, malgré l'abondance de ses productions littéraires, il eut une vieillesse misérable et fut ramassé un jour d'hiver sur la place Notre-Dame à Paris, mourant de froid et de faim.

Il est assez curieux de remarquer que la forme extérieure des Ana et partant, leur valeur marchande ont suivi la fortune de ces ouvrages. Les grands libraires, comme les Huguetans, les Delaulne, les Cramoisy se disputent, au dix-huitième siècle, l'honneur de les éditer. Les Ana, qui s'adressent alors à une clientèle d'élite, ne descendent presque jamais au-dessous du format in-12. Ils sont imprimés sur beau papier et presque toujours ornés d'un magnifique portrait. — On les vend de 6 à 20 livres.

Plus tard, destinés par leurs auteurs à un public populaire et par conséquent peu fortuné, les Ana deviennent presque toujours des livres de colportage à vingt sols, quelquefois moins. Le papier à chandelle est assez bon pour eux. Une grossière gravure en couleurs leur sert de frontispice. Blocquel Castiaux de Lille, qui s'est fait une spécialité de cette sorte de publications, emploie presque exclusivement le format in-32.

De nos jours ce n'est plus qu'à de rares intervalles, qu'on voit paraître des Ana; leurs derniers refuges sont les colonnes des journaux et des revues. — De temps en temps on trouve des *Pelletaniana* dans les « Nouvelles à la main » du *Figaro* et quelque *Scolopaxiana* dans le « Bulletin du Saint-Hubert-Club. »

En Angleterre et en Amérique, la clientèle littéraire leur est encore restée assez fidèle. Nous avons pu cataloguer une vingtaine d'Ana parus dans ces derniers pays depuis une douzaine d'années, tandis qu'en France on n'en publia que trois dans le même laps de temps.

Qu'il nous soit permis d'adresser ici tous nos remerciements à M. Guyot Cameron, le distingué et érudit professeur de l'Université de Princeton aux États-Unis, qui a bien voulu nous fournir de précieux renseignements sur les Ana américains qui font partie de sa collection.

Nous devons constater que la vogue littéraire des Ana est passée, et bien passée et, si un certain nombre de bibliophiles ne les recherchait pas avec passion, le public, même lettré, ignorerait jusqu'à leur existence.

A quoi donc attribuer cette défaveur?

Nous considérons qu'elle est due à deux causes, dont la première est l'absence de talent chez les auteurs qui depuis le milieu du dix-huitième siècle ont écrit des Ana. La seconde et la meilleure est celle que le Père Adry nous donnait déjà il y a cent ans : « Il est toujours dangereux de dire aux gens :

« *Écoutez un bon mot, oyez une merveille.*
« *Savez-vous si les écoutants*
« *En feront une estime à la vôtre pareille ?* »

Ce qui pouvait être présenté d'une manière très piquante par l'auteur, ce qui était excellent dans sa bouche et animé par son geste et sa physionomie paraît bien froid sur le papier.

II

Dès leur apparition au dix-septième siècle, les Ana furent l'objet des préoccupations littéraires d'un certain nombre d'écrivains, à commencer par leurs auteurs qui manquaient rarement, soit dans leur préface, soit dans le courant du volume, de faire la critique des ouvrages du même genre. Citons parmi ces auteurs La Monnoye dont nous donnerons plus loin la curieuse épigramme.

Nous indiquons ci-dessous, dans leur ordre chronologique. la liste des ouvrages du dix-huitième siècle que l'amateur d'Ana pourra consulter avec fruit et dans lesquels nous avons puisé d'utiles renseignements pour notre travail.

Entretiens sur les contes de fées, par l'abbé de Villiers. Paris, 1699. Voir IVe entretien.

Préface du *Casauboniana*, édition de 1710, donnée par J. C. Wolff à Hambourg.

Dissertations sur diverses manières de religion et de philologie, par l'abbé de Tilladet. La Haye, 1714, 2 vol. Voir tome II, p. 107 à 110.

Selecta historica et litteraria, par Lilienthal. Regiom. et Lipsiæ, 1715, voir p. 141 à 177 : Analecta Ad. Wolfii dissertationem de libris in ana.

1° Heumann. De libris in ana. *Conspectus rei litterariæ*, Hannover, 1733, pp. 355 et 356.

Nouveaux mémoires d'histoire, de critique et de littérature. Paris, Debure, 1749, par l'abbé d'Artigny, 7 vol. — Réflexions sur les Ana. Tome Ier, p. 287, et tome III, p. 1.

Mémoires de Trévoux. Juin 1712 p. 1084, et octobre 1749 p. 2137.

Michault. Notice sur les Ana et les livres de Mélanges qui les ont précédés. Se trouvent dans les *Mélanges historiques et philosophiques*. *Paris*, 1754, 2 *vol*.

Struvius. De libris in ana. Voir sa *Bibliotheca historica litterariæ selecta*. *Jena*, 1754, 3 *vol*. Tome II, p. 1481.

III

Le premier auteur qui ait écrit un ouvrage spécial sur les Ana est le Père Adry (Jean-Félicissime), oratorien, né en 1741 à Vincelotte en Bourgogne, et mort bibliothécaire de l'Oratoire, à Paris, le 20 mars 1818.

Il a laissé un certain nombre de travaux littéraires de valeur et parmi ceux-ci, une très intéressante Bibliographie des Ana sur laquelle nous demanderons la permission d'insister.

Cet ouvrage, malheureusement resté manuscrit, est daté de 1799 et se compose de trois volumes in-8 d'une centaine de pages chacun. Il est intitulé : *Bibliothèque critique des mélanges de littérature qui ont été donnés ou promis (ou annoncés) sous le nom d'Ana*.

Après avoir fait dans sa préface l'historique de cette sorte d'ouvrages et déploré le discrédit dans lequel ils sont tombés, le Père Adry donne la description et l'analyse minutieuse des cent trente Ana qu'il connaissait et qu'il dit pouvoir répartir en six classes : 1° *ana* satyriques; 2° *ana*, ou recueils de bons mots vrais ou prétendus, attribués à quelques hommes connus dans la république des lettres et dans les arts ; 3° *ana* qui servent de prolégomènes aux ouvrages complets de quelques auteurs ; 4° *ana* ne traitant que d'une seule matière : théologie, jurisprudence, morale, critique, belles-lettres, histoire, géographie ; 5° *ana* qui renferment les œuvres posthumes ou les fragments de quelques auteurs ; 6° enfin *ana*, ou mélanges de littérature. De l'avis du Père Adry, ces derniers seuls étaient de véritables Ana.

Vers l'année 1810, le propriétaire de ce manuscrit a ajouté sur le verso des feuillets une trentaine d'Ana inconnus du Père Adry ainsi que des remarques très intéressantes sur les ouvrages déjà décrits par celui-ci. Le nom de Beaucousin étant constamment cité dans ces remarques, nous avons eu la curiosité de rechercher quel pouvait être ce personnage si documenté sur le sujet qui nous intéresse. Ce Beaucousin était un homme de loi, bibliophile, et grand amateur d'Ana si on en juge par le nombre de livres de ce genre qui figurent dans le Catalogue de la vente ayant eu lieu après sa mort, en sa maison Cloître Notre-Dame, n° 11, le ventôse an VII, à quatre heures de relevée.

En 1810, Peignot, dans son répertoire de bibliographies spéciales, indique cent trois Ana ; il en rajoute quelques-uns dans son *Répertoire bibliographique* (*Paris*, 1812). Nous somme étonnés qu'il n'en ait pas connu davantage.

Hécart, bibliophile valenciennois, publie en 1821, sous le nom supposé de Johannes Gislebertus Phitakœr, un petit volume en latin « *Anagrapheana sive bibliographia librorum ana dictorum.* » Ce n'est qu'un catalogue très aride de l'importante collection d'Ana qu'il avait réunie.

L'amateur d'Ana trouvera encore d'autres données dans le *Livret des Ana : essai de catalogue manuel par E.K.L.* (*Ludewig*) *Dresde* 1847. Un supplément à cet ouvrage, tiré à trente-cinq exemplaires, et le *Catalogue d'Ana du comte de Nostitz* publié à Dresde en 1836, sont également à consulter.

Nous arrivons ensuite à la seconde et dernière bibliographie des Ana qui ait été faite avant la nôtre. C'est celle de Paul Namur, conservateur adjoint à la bibliothèque de Bruxelles. Elle est datée de 1839, et a pour titre « *Bibliographie des ouvrages publiés sous le nom d'Ana, accompagnée de notes critiques, historiques et littéraires* ».

Cet ouvrage est assez bien compris. Nous avons cependant deux reproches à lui faire, d'abord les notes critiques, historiques et littéraires annoncées dans le titre ne figurent guère qu'à cet endroit : cette soi-disant bibliographie n'est en somme qu'une compilation un peu plus détaillée que *l'Anagrapheana* et pourvue d'un semblant de préface. En second lieu, Namur est tombé dans le même travers que Hécart. Désirant tous deux cataloguer le plus grand nombre possible d'Ana, ils n'ont pas hésité à ranger dans cette catégorie, des ouvrages qui n'ont d'Ana que la désinence, tel *l'Indiana*, de George Sand.

Nous devons dire ici, que pour éviter le même écueil, nous avons pris soin, comme on pourra le voir, de formuler des réserves sur tout ouvrage qui ne nous semblait pas devoir être classé dans la catégorie des Ana.

Namur indique 423 Ana imprimés et 40 manuscrits. Nous lui en avons emprunté un certain nombre d'étrangers.

Le dernier auteur qui se soit occupé des Ana, est Pierre Gustave Brunet qu'il ne faut pas confondre avec son homonyme, Jacques Brunet, l'auteur du fameux *Manuel du libraire*. Dans la réédition qu'il a donnée en 1875 chez Jouaust du *Maranzakiniana*, Brunet, sous son pseudonyme favori de Philomneste Junior, a écrit sur les Ana une notice d'une quarantaine de pages, bourrée d'érudition et à la fin de laquelle il dit « *les Ana attendent encore un* « *travail bien fait et aussi complet que possible.....* »

Notre ouvrage répondrait-il au désir de Brunet s'il était encore de ce monde, nous n'avons pas l'audace de le croire, car nul ne peut se vanter, en quelque sujet, si mince qu'il soit, d'être absolument complet.

En tout cas, nous sommes convaincu de n'avoir rien négligé pour ne pas rester trop en dessous de notre tâche; et, désireux de faire mieux une autre fois si le monde des bibliophiles daignait s'intéresser à notre modeste bibliographie, nous recevrons avec reconnaissance tous les renseignements qu'on voudra bien nous communiquer sur nos omissions ou sur les erreurs que nous pourrions avoir commises.

IV

Voici la fameuse épigramme de La Monnoye à laquelle nous ferons souvent allusion dans le cours de notre ouvrage Elle se trouve dans le *Menagiana* de 1715, t. 1er, p. 258. Comme on peut le voir elle énumère tous ou presque tous les Ana de la grande époque publiés ou annoncés.

Fortunius un jour dîna
Chez un grand, où l'on raisonna
Bien fort sur le Perroniana,
Thuana, Valesiana,
Après quoi l'on examina
Lequel, de Patiniana

Vaut moins ou de Naudæana;
S'il fallait à Chevræana
Préférer Parrhasiana
Et priser Menagiana
Plus que le Scaligerana.
En liberté chacun prôna
Ou suivant son goût condamna,
L'un Saint-Évremoniana
L'autre Furetiriana;
Un tiers l'avantage donna
Sur eux à Sorberiana;
Tel contre Anonimiana
Contre le Vasconiana
Et contre Arlequiniana
Voulu parier pour Santoliana.
Au dessert, on questionna
Si le nom Boursautiana,
Celui d'Ancilloniana,
De Vigneul Marvilliana
Et de Colomesiana
Jamais des auteurs émana;
Si l'on verrait Pithæana
Et d'autres que promis on a,
Tels que sont Baluziana,
De Selden, Seldeniana,
De Calvin, Calviniana,
De Bourbon, Bourboniana,
De Grotius, Grotiana,
De Bignon, Bignoniana,
De Sallot, Sallotiana,
De Segrais, Segraisiana,
Commire, Commiriana,
Enfin Casauboniana,
Même Furstembergiana.

Fortunius lors opina,
Et d'un ton qui prédomina
La dispute ainsi termina :
Messieurs, nul de tous ces ana
Ne vaut l'Ipécacuana.

La Monnoye raillait ici, en lui donnant le nom de Fortunius, le savant médecin hollandais Helvétius, établi en France, qui découvrit les vertus de l'ipécacuana et réalisa en peu de temps une immense fortune, grâce à la vente de ce remède.

Bénavent, le 1er mars 1909.

NOTA

L'auteur n'a indiqué le nombre de pages que pour les ouvrages formant sa collection particulière.

BIBLIOGRAPHIE DES ANA

A

Addisoniana, *London Philipps*, 1803, 2 vol. in-12, xxiv-242 et 260 pages.

Comme frontispice, portrait de Sir Richard Steele et, au titre, celui d'Addison (d'après Hogarth). Vue de sa maison au titre du vol. II et 13 fac-similés de son écriture.

Addison, littérateur anglais, né à Wilston (Wiltshire) en 1672, mort en 1719, a beaucoup contribué à faire apprécier Milton par ses compatriotes.

Adriana ou les passions d'une Italienne, par J. S. Durdent. *Paris*, *Pillet*, 1812.

Cité par Namur, mais ne doit pas être un *Ana*.

Agrippœana von T. K. D. P. s. l. 1722, 1 vol. in-8°.

Cité par Namur.

Aiguilloniana ou anecdotes utiles pour l'histoire de France au xviiie siècle, depuis l'année mdcclxx, par Linguet. *Londres* (*Paris*), 1777, in-8°.

Très rare. Curieux pour le récit des démêlés de l'auteur avec le duc d'Aiguillon. Linguet, né à Reims le 16 juillet 1736, fut décapité le 27 juin 1894.

Albuconiana.

Ce n'est qu'un titre au dos d'un livre, imaginé peut-être par l'auteur ou le propriétaire de l'ouvrage. Il se trouve cependant sur plusieurs exemplaires pour désigner « *Le Recueil des ouvrages de Pierre Arnauld, vicomte d'Aubusson, membre de la Société royale d'Agriculture de la Généralité de Limoges, au bureau de Brives la Gaillarde*. (Peignot.)

L'auteur cherche à prouver que l'agriculture est la richesse d'un peuple, tandis que la banque en est le fléau.

Alexandrana ou les bons mots et paroles remarquables d'Alexandre Ier pendant son séjour à Paris ; précédé d'un précis des opérations de l'empereur de Russie et de ses augustes alliés pour rétablir Louis XVIII, etc., etc., suivi de détails sur les derniers moments du général Moreau. « *Le ciel a protégé leurs desseins généreux.* » *Paris-Lemercier*, 1815, in-18, 142 pages.

Portrait.

Alexandrana ou les bons mots et paroles remarquables d'Alexandre Ier et de Pierre le Grand, empereur de Russie. *Lille, Castiaux*, 1818, in-32, 128 pages.

Portrait.

Terminé par une série d'anecdotes russes qui ne figurent pas dans le précédent *Ana*.

Alexandrana. Almanak voor 1818. *Amsterdam* 1818, in-12 ; figures.

Cité par Namur.

******Ana** ou bigarrures calotines. *Paris, chez J. B. le Mesle et A. de Heuqueville* 1730-1733, in-8°, 305 pages.

Quatre parties en un volume. Chaque partie a sa pagination particulière. Connu sous le nom de *d'Allainvaliana ;* cet ouvrage est de l'abbé Léonor-Jean-Christine Soulas d'Allainval, poète dramatique né à Chartres en 1700, mort à Paris en 1753. Il mourut à l'hôpital, ce qui a fait dire assez plaisamment que l'auteur de l'*Embarras des richesses* (un de ses ouvrages) n'éprouva guère cet embarras pendant sa vie et encore moins à sa mort.

Ana. Élite des bons mots et des pensées choisies recueillies avec soin des plus célèbres auteurs et principalement des livres en ana. Divisé en deux parties. *Amsterdam. s. d.* in-12, 556 pages.

Ana. *Paris*, 1708. 2 vol. in-12.

Ana. *Amsterdam, Jacques Desbordes*, 1709. 2 vol. in-12.

Ana. *Amsterdam Mortier*, 1731.

Ana. *Amsterdam Mortier* 1747.

Ce recueil a le grand défaut de ne point indiquer les sources où il a puisé les bons mots que l'auteur rapporte.

Ana, nouvelle bibliothèque de littérature, d'histoire, ou choix des meilleurs morceaux tirés des ana par M. G... *Lille, Henry et Paris, Durand le Neveu* 1765. 2 vol. in-12 XXIV-480 et 497 pages.

Cet ouvrage, dû à Guillaume Grivel, avocat au Parlement de Bordeaux, né à Uzerche dans la Corrèze en 1735, contient des extraits des principaux *Ana* du temps.

Ana, ou collection de bons mots, contes, pensées détachées, traits d'histoire et anecdotes des hommes célèbres, depuis la renaissance des lettres jusqu'à nos jours, suivis d'un choix de propos joyeux, mots plaisants, réparties fines et contes à rire. *Paris, Visse*, 1789-1791. 9 vol. in-8°.

Premier volume : *Furetiriana et Poggiana*. — Deuxième, troisième et quatrième : *Menagiana*. — Cinquième et sixième : *Vigneul-Marvilliana*. — Septième : *Carpenteriana Naudæana et Patiniana*. — Huitième : *Huetiana et Origine des Religions*. — Neuvième : *Chevræana*.

Ana, — *Amsterdam et Paris. Belin*, an VII. 10 vol. in-8°.

Même ouvrage que le précédent.
Le dixième volume contient : *Sevigniana* et *Bolæana*.

Ana (Collection d') ou jeux de mots — Voltariana — Pironiana — Fontenelliana — Bievriana — Gascogniana — Asiniana — Arlequiniana. *Paris, Marchand* 1801, in-8°.

Ana (Esprit des) ou de tout un peu, par Granet Saint-Sauveur. *Paris, Barba*, 1801, 2 vol. in-12.

Six portraits sur une même feuille.
La seconde partie contient des notes un peu lestes et constitue une sorte de *Feminæana*.

Anas complete of Thomas Jefferson. *Edited by Franklin Sauwel Ph. D. The round table press. New-York*, 1903, in-8°, 283 pages.

Thomas Jefferson, homme d'état américain, naquit à Shadwell (Virginie) en 1743, devint président des Etats-Unis et mourut à Monticello en 1826.

Anagrammeana, poëme en huit chants. « *Quis ridere cupit* », par l'anagramme d'Archet, ouvrier maçon, l'un des trente associés à l'abonnement d'un journal littéraire. A *Anagrammatopolis*, l'an XIV de l'ère anagrammatique, in-12, 58 pages.

Par Hécart. Imprimé à Valenciennes. Le plus extravagant des *Ana*; chacun des 1200 vers qu'il renferme, contient un anagramme.

Anagrammeana.

Réimpression tirée à *Lille*, à 200 exemplaires, en 1867 avec *95e édition revue, corrigée et augmentée*, in-16, 70 pages.

Anagrapheana, sive Bibliographiœ peculiaris librorum ana dictorum iisque affinium. Prodromus a Johanne Gisleberto Phitakœr. D. medic. Norimb. ac R. Societ. nat. curios. collectorum. *Valencenis. Typis J. H. Prignet sumptibus collectoris.* 1821, in-12, 34 pages. — Supplementum ad prodromum Anagrapheanæ, 10 pages.

Tiré à cent exemplaires. Très rare.

Important et précieux travail en latin dû à Hécart, célèbre bibliophile de Valenciennes. C'est un catalogue par ordre alphabétique de l'importante collection d'*Ana* et de Facéties qu'il avait réunie.

Ancilloniana.

Il n'a paru aucun ouvrage sous ce titre qu'on trouve indiqué dans l'épigramme de la Monnoye et dans plusieurs autres ouvrages du dix-huitième siècle. Il s'agit du *Mélange critique de littérature, recueilli des conversations de M. Ancillon, avec un discours sur sa vie et ses dernières heures. A. Basle, chez Èman et Jean Georges König*, 1698, 3 vol. in-12.

Dans cet ouvrage l'auteur, Charles Ancillon (né à Metz en 1659; mort à Berlin en 1715) raconte la vie de son père David Ancillon (né à Metz en 1619, mort à Berlin où il était pasteur, en 1692.) (P. Adry.)

Andreana. Containing the trial, execution and various matters connected with the history of major John

André, adjutant general of the British army in America. A. D. 1780, in-8°. *Philadelphia, Horace Smith,* 1775 68 pages.

4 planches.

Andresiana. Voyez Ecksteiniana.

Anglaisiana ou les Anglais, les Écossais et les Irlandais à Londres et à Paris. Ouvrage curieux et amusant par les anecdotes, les bons mots, les plaisanteries, les gaités, les originalités, les facéties, les naïvetés, les jeux de mots et calembourgs des habitants des trois royaumes. Par A. F... s « *Tous les genres sont bons, hors le genre ennuyeux.* » *Paris, Corbet* 1815, in-18, 178 pages.

Frontispice gravé en couleurs.

Angotiana ou suite de calembourgs comme s'il en pleuvait. Contenant les amours du Per-Vertisseur et l'histoire du fameux Lagalisse, sa naissance, sa vie, sa mort en cinquante couplets. *Paris, Barba,* 1803, in-18, 144 pages.

Orné d'une curieuse vignette en couleurs représentant l'acteur Corsse dans le rôle de Mme Angot, en travesti.

Angotiana ou élite des calembourgs, orné du portrait colorié de Mme Angot. A *Angotianopolis,* chez *Benoit-Cruchet,* 1809, in-32, 128 pages.

Couverture illustrée.

Angotiana (Le nouvel) ou recueil de bons mots attribués à la famille des Angot. *Lille, Blocquel et Castiaux,* 1819, in-32, 128 pages.

Figure coloriée.

L'*Angotiana* est attribué par Barbier à Armand Ragueneau de la Chainaye, qui a publié sous le nom d'Anagramme Dauneur d'autres ouvrages du même genre. Cet *Ana* a été inspiré par la vogue incroyable des pièces du chevalier Aude : *Mme Angot dans son ballon,* 1798; *Mme Angot au sérail,* 1800; *Mme Angot au Malabar,* 1803, etc., etc.

Animaliana, par Baric. *Paris, Arnauld de Vresse,* s. d. in-4°, 19 pages.

Album illustré pour les enfants. Titre et 19 planches lithographiées.

Anonimiana ou Mélanges de poésie, d'éloquence, d'érudition. *Paris*, *Jacques Collombat*, MDCC, in-12, 311 pages.

Quelques exemplaires portent : « *chez Nicolas Pépie* » auquel Collombat avait fait part de son privilège.

Cet *Ana*, dit le journaliste Bernard, est un de ces ouvrages qui ne font ni grand mal ni grand bien au public.

Anonimiana. *Liége. Milst,* 1700, in-12.

Anonimiana. *Amsterdam,* 1701, in-12.

Anonimiana. Erster bis Fünfter Versuch. *Amsterdam*, 1720, in-8.

« Catalogue de livres fort curieux », dit d'Artigny dans ses *Nouveaux Mémoires*.

Anonimiana, or ten centuries of observations on various authors or subjects, by S. Pegge. *London*, 1800, in-8, x-261 pages.

Anonimiana. Id., ibid., 1809.

Antibrowniana von T. E. Braun. *Gmünden*, 1818, in-8.

Cité par Namur avec l'épithète « médicin ».

Antidiluviana oder Beweis von der Fähigkeit und Kenntnissen der Bewohner der ersten Welt, etc., *von G. C. Beyer*. *Berlin*, 1780, in-8.

Antihaseana. *Neustadt*, *Orla*, 1836, in-8.

Cité par Namur avec l'épithète « théolog. ».

Antimenagiana où l'on cherche ces bons mots, cette morale, ces pensées judicieuses et tout ce que l'affiche du Menagiana nous a promis. *Paris*, *Laurent d'Houry*, 1693, in-12, 242 pages.

Par Jean Bernier, médecin de Blois, mort à Paris en 1698. C'est une critique assez acerbe et souvent injuste du *Menagiana*.

Antipeterseniana.

Se trouve, ainsi que le *Peterseniana* dans l'ouvrage intitulé : « *Sammlung von alten und neuen theologischen Sachen*, 1750. »

Apolloniana ou recueil de pièces fugitives en vers. Au Mont Parnasse chez les neuf sœurs. *Lille, Castiaux*, s. d., in-32, 128 pages.

Figure coloriée.

Apolloniana. Poésies d'une piquante originalité recueillies par Anagramme Blismon. *Paris*, *chez les marchands de nouveautés*, s. d., in-32.

Aproxiana. Bibliotheca di Cornelio Aspasio. *Bologna*, 1673, in-12.

Ce livre, cité par Namur et par Hécart, avec la mention « rariss », ne doit pas être un *Ana*.

Arceriana.

Cet *Ana*, qui n'est que manuscrit, est de Louis Étienne Arcère, de l'Oratoire, né à Marseille en 1698, mort à La Rochelle en 1782, qui est aussi l'auteur d'une *Histoire de La Rochelle*. Par son testament il laissa un manuscrit en 4 vol. in-f° de ses ouvrages à la Bibliothèque de l'Oratoire de Marseille, où il figure sous le nom d'*Arceriana* (P. Adry).

Arlequiniana ou les bons mots, les histoires plaisantes et agréables recueillies des conversations d'Arlequin. *Paris*, à la Sphère, 1708, in-18.

Rare.

Arlequiniana (Le nouvel) ou recueil de bons mots précédé de plusieurs scènes arlequines. *Lille*, *Blocquel*, 1811, in-32, 128 pages.

Figure coloriée.

Arlequiniana (Le petit) ou Arlequin apothicaire, suivi d'Arlequin ambassadeur, scènes comiques. *Au royaume de la Lune, chez le docteur Grazian Balouard*, in-32.

Figures sur bois.

Arlequiniana (Le nouvel) recueil de scènes plaisantes et des bons mots attribués à Dominique et à ses camarades. Édition mise en ordre par Anagramme Blismon. *Paris*, *Delarue*, s. d. in-32, 151 pages.

De la Bibliothèque du conteur.

Arlequiniana ou choix des bons mots du roi des Arlequins. A *Paris* et à *Lille, chez tous les libraires*, 9081 (pour 1809), in-32, 128 pages.

Arlequiniana, Carnavaliana, Scaramouchiana, Carémiana, Trésor des Arlequinades. Bons mots et scènes plaisantes de Dominique et de ses camarades ; suivis des aventures de Scarramouche et d'une notice intéressante sur le Carnaval et le Carême, publié par Anagramme Blismon. *Paris*, *Delarue*, s. d., in-32, 160 pages.

Arliquiniana ou les bons mots, les histoires plaisantes et agréables, recueillies des conversations d'Arlequin. *Paris, Florentin et Pierre Delaulne*, 1694, in-12, 271 pages.

Arliquiniana. Seconde édition augmentée. *Paris, Florentin et Pierre Delaulne*, 1694, in-12, 294 pages.

Frontispice.

Saint-Evremond nous dit : « Cotolendi est l'auteur de ce misérable recueil sans goût, sans sel, souvent indécent et ordurier et qui peut tout au plus amuser la livrée ». L'Arlequin dont Cotolendi rapporte les bons mots était le célèbre Dominique Biancoletti.

Dans les livres du temps on cite une édition de l'*Arlequiniana :* Amsterdam, 1708, in-12. Il en est fait mention aussi dans le catalogue de la *Bibliotheca Bunaviana*.

Arliquiniana ou jeux de mots de Dominique et autres, rédigés et mis au jour par Ch. Malingreau. « *Tous les genres sont bons, sauf le genre ennuyeux.* » *Paris, Roux*, 1801 in-8, VIII-148 pages.

Arnaldiana.

D'Artigny, dans ses *Nouveaux mémoires d'histoire, de critique et de littérature* (Paris, 1749), est le seul qui parle de cet *Ana*, qu'il dit avoir vu en manuscrit, accompagné d'un *Quesnelliana*, entre les mains de l'abbé Tricault de Belmont, auteur des « *Essays de littérature* ».

On attribuait l'*Arnaldiana* ou bons mots de M. Antoine Arnauld, célèbre philosophe et théologien janséniste (1612-1694), à Joseph Bourgoin de Villefore, mort en 1737. (P. Adry.)

Arnoldiana ou Sophie Arnould et ses contemporains.

Recueil choisi d'anecdotes piquantes, de réparties et de mots de Mlle Arnould, précédé d'une notice sur sa vie et sur l'Académie impériale de musique, par l'auteur du Biévriana. « *Son cœur n'eut jamais part aux jeux de son esprit.* » *Paris, Gérard*, 1813, in-12, 380 pages.

Joli portrait gravé au pointillé par Bourgeois de La Richardière, d'après le tableau de La Tour.

L'auteur de ce piquant *Ana* est Albéric Deville, d'Angers, qui connut intimement la célèbre cantatrice, née à Paris en 1744, morte en 1803.

L'*Anagrapheana* dit de ce livre que « la mère doit en interdire la lecture à sa fille ».

Asiniana ou l'âne parlant. Étrennes mignonnes pour l'année 1801, *Paris, Marchand*, an IX, 1801, in-18, 156 pages.

Figure coloriée. Calendrier pour 1801.

Par Cousin d'Avallon, né en 1769 à Avallon, mort en 1840 à Paris.

Asiniana. *Avignon, J. A. Joly*, 1813, in-32, 110 pages.

Figure coloriée.

Asiniana ou recueil de naïvetés et d'âneries. Dédié à l'Athénée de Montmartre, *Lille, Castiaux*, 1818, in-32, 128 pages.

Figure coloriée.

Les anciens auteurs d'*Ana* avaient déjà pensé à ce titre d'*Asiniana*. Dans le *Segraisiana*, on dit en parlant d'un piètre jeu de mots : « il serait digne d'être mis dans un *Asiniana*. » Dans le *Parrhasiana* on parle d'*Arcadica*, seu *Asiniana*.

Atterburyana, being Miscellanies by the late bishop of Rochester; 1° a collection of original letters; 2° the virgin seducer; 3° the bachelor Keeper or modern Rake by Philaretus. *London*, 1727, in-8°.

Par François Atterbury, évêque de Rochester, mort à Paris en 1732, à l'âge de 71 ans.

Augiasiana ou recueil de préceptes, de proverbes, de quolibets, rébus et façons de parler triviales en usage dans le patois Rouchi, 5 vol. in-12.

Manuscrit autographe d'Hécart, terminé en 1824.

Augustiniana. Circa materiam quinque propositionum expositio olim Alexandro VII, oblata simulque eorum quæ ad eam publicandam impulerunt brevis narratio. s.l.s.l. 1690, in-12, 46 pages.

Chronogramme à la fin.

B

Baconiana. A certain genuine remains of sir Francis Bacon, baron of Verulam and viscount of Saint-Albans in arguments civil and moral, natural, medical, theological and bibliographical, now the first time faithfully published. *London printed by J. D. for Richard Chiswell* 1679, in-8°.

Portrait de Bacon gravé par Van Honc, avec la devise : « *Moniti meliora.* »

Vie et liste des ouvrages de François Bacon, chancelier d'Angleterre, né en 1550, mort en 1626.

Badaudiana ou le nouveau Parisiana. Recueil de traits d'esprit, naïvetés, balourdises, simplicités, âneries, bêtises des habitants du bord de la Seine, par un écouteur aux portes. « *Beati pauperes spiritu.* » *Paris, Vauquelin*, 1817, in-32, 128 pages.

Figure coloriée se dépliant.

Bæuneana ou les ânes de B... (*Beaune*). Historiettes très plaisantes, avec leur explication par M. A. F. C. D. L. P. E. *Genève et Paris*, 1783, pet. in-8°.

Baileyana. Collections, biographical and bibliographical, concerning the late Rev. Phineas Bailey of Vermont. U. S. A. *Published by the Willis Byron Club* (Club publication for 1902-1903), in-8°, 4, 34 pages.

Tiré à cinquante-deux exemplaires.

Balourdisiana, âneries révolutionnaires ou bêtisiana,

etc , etc. Anecdotes de nos jours recueillies et publiées par Cap...l.

« *Puissent-elles vous faire rire*
« *Autant qu'elles ont fait pleurer.* »

A Paris, chez Capelle, an IX, 1801, in-18, 144 pages.

Gravure coloriée.

L'auteur de cet *Ana* est Capelle, qui a publié aussi en 1810 un « *Dictionnaire de morale, de science et de littérature.* »

Balourdisiana. 2e édition, an X, in-18. 200 pages.

L'avertissement est différent de celui de la première édition.

Baluziana.

Cité dans l'Épigramme de la Monnoye. Cet *Ana* n'est point imaginaire et dans la préface du *Furetiriana* on exhorte ceux qui l'ont en leur possession de le donner au public (P. Adry).

Étienne Baluze, savant antiquaire, naquit à Tulle en 1630, devint bibliothécaire de Colbert et mourut à Paris en 1718.

Barateriana.

Recueil annoncé page 115 de « *La Vie du jeune Sçavant précoce Jean-Philippe Baratier, par Formey. Utrecht*, 1741. »

Jean-Philippe Baratier naquit le 19 janvier 1721 à Schwabach, près Nuremberg. « Il savait lire à trois ans, parlait correctement le français, l'allemand et le latin à quatre ans. En juillet 1725 il fut mis au grec et au bout de quinze mois il traduisait à livre ouvert les livres grecs et latins. A cinq ans on lui fit commencer l'étude de l'hébreu ; il écrivit plusieurs ouvrages d'érudition et mourut prématurément à l'âge de 19 ans.

Barbetiana, par J. Ph...n ou recueil d'observations critiques sur le journal du voyage du premier consul à Bruxelles, rédigé par Barbet, précédé d'une no[illegible]e sur la vie de cet historien pour rire et terminé par quelques citations de ses précédents ouvrages. *Paris, chez tous les marchands de nouveautés*, an XI, in-8°, 54 pages.

Barbet, né à Tours, ex-oratorien à Arras, fut secrétaire de Barras et de Joseph Lebon. Il est aussi l'auteur d'un livre sur la franc-maçonnerie : « *Loge Centrale.* »

Basseviliana da Monti.

Cité par Hécart avec l'épithète « Italian ».

Baxteriana by Arthur Young. *London*, 1818, in-12.

Andrew Baxter, philosophe écossais (1687-1750) a publié des « *Recherches sur la nature de l'âme.* »

Beauharnaisiana.

Nous croyons qu'il n'a pas paru, bien qu'annoncé dans le *Gregoireana*, en 1821, comme « étant sous presse. »

Beaumarchaisiana ou recueil d'anecdotes, bons mots, sarcasmes, réparties, satires, épigrammes et autres pièces peu connues de Caron de Beaumarchais avec des notes et des éclaircissements, précédé de la vie de l'auteur par Cousin d'Avalon. *Paris*, *Davi et Locard*, 1812, in-18, 140 pages.

Joli portrait gravé par Compagnie.

Beaumarchaisiana, recueil de bons mots, sarcasmes, satires, réparties spirituelles de Caron de Beaumarchais, précédé d'une notice sur la vie de cet homme célèbre. *Paris*, *Delarue*, s. d., in-32, 64 pages.

N'est pas une autre édition, mais un ouvrage différent du précédent.

P. Auguste Caron de Beaumarchais, écrivain, né à Paris en 1732, mort en 1799, a créé des types immortels dans le *Barbier de Séville* et le *Mariage de Figaro*.

Bebeliana, *Phorcæ*, 1509, in-4°.

Bebeliana, *Parisis*, 1516.

Bebeliana, Ibid., 1526.

Cité par Namur.

Berangiana mis en action ou choix de chansons badines. *Bruxelles*, *Vimært*, 1830, in-32, 29 pages.

Rare, entièrement gravé, contenant quinze chansons et autant de gravures coloriées, copiées dans la suite complémentaire de l'édition de Béranger de 1828.

Attribué à Henry Monnier.

Bergieriana.

Cité par Hécart.

Berryana ou recueil des traits de bonté les plus remarquables de S. A. R. Mgr le duc de Berry, par Saint-Prosper. *Paris*, 1820, in-18. VIII-368 pages.

Portrait et fac-similé d'écriture.

Berryana. Recueil des mots les plus remarquables de S. A. R. feu Mgr le duc de Berry, précédé de la vie de ce prince. *Paris*, s. d., in-18, 360 pages.

Portrait et fac-similé.

Même ouvrage que le précédent. Tous deux se terminent par la liste de souscription en faveur de Desbiez et de Paumier qui arrêtèrent Louvel. On sait que Ch. Ferdinand, duc de Berry, né à Versailles en 1778, fils du comte d'Artois, devenu depuis Charles X, fut assassiné le 13 février 1828 par Louvel.

Besseliana.

On annonçait sous ce nom, au commencement du dix-huitième siècle, les *Miscellanea Philologico-critica* de Frédéric Besselius, savant de Prusse, que Fischerus, possédait en manuscrit dans sa bibliothèque à Konigsberg. (P. Adry).

Betisiana mea sive infelicis capriccia felicis. *Argentorati*, s. a. s. d. pet. in-12, 150 pages.

Frontispice et vingt-sept figures signées H.

Un des *Ana* les plus rares. Lire à ce sujet l'intéressante notice que Brunet lui a consacrée dans sa préface du *Maranzakiniana* de 1876. C'est le seul *Ana* pornographique que nous ayons jamais rencontré. La pièce la plus curieuse est celle qui est consacrée à « Madamigella La Valliera ».

Betisiana par Albéric Joseph Grattenonnain, ci-devant cordelier, tué dans un village de la Champagne pouilleuse en 1709.

Manuscrit in-18, daté de 1822 et composé d'une cinquantaine de feuillets.

Betisiana. Cent vingt bêtises pour soixante centimes. Recueil niais et comique à l'usage des gens tristes, publié par Ath. Ier, membre de la Société des bonnes lettres. *A Paris, chez tous les libraires marchands d'esprit*, 1830, in-32, 62 pages.

Bettyana a poem by C. M. Woodward, *London*, 1805, in-8°.

Cité par Namur. Ne doit pas être un *Ana*.

Bibliographiana, for Dibdin.

Cité par Hécart avec la mention « Anglice, in-lib. intit : *the Director*. 1807-1808. »

Bievriana ou jeux de mots de M. de Bièvre. « *Haud eadem est vesania cunctis.* » *Paris, Maradan*, in-18, 174 pages.

Joli portrait ovale de M. de Bièvre (surnommé le père des Calembourgs). Il était petit-fils de Georges Mareschal, premier chirurgien de Louis XIV et de Louis XV. Il naquit en 1747 et mourut à Spa en 1789.

L'auteur de cet *Ana* est Albéric Deville, médecin et littérateur, né à Angers en 1773, mort en 1832.

Bievriana. Deuxième édition, 1804.

Bievriana. Troisième édition corrigée et augmentée, an XII, 211 pages.

Bignoniana.

Cité dans l'épigramme de La Monnoye, dans la préface du *Furetiriana*, dans celle du *Casaubониana* et dans le *Menagiana*. On lit dans ce dernier ouvrage : « M. l'abbé Gaudron a un *Bignoniana*. Que cela « serait excellent, s'il voulait le publier ! »

Beaucousin se proposait, un siècle plus tard, de publier aussi un *Bignoniana*. (Note de son catalogue.)

Jérôme Bignon, érudit, né en 1589, mort en 1656, était bibliothécaire du roi.

Bigotiana.

Dans les *Remarques critiques sur le dictionnaire de Bayle*, par l'abbé Joly, (1752) on rapporte une lettre de l'abbé Bonardi à l'abbé Joly : « Peut-être que vous, monsieur, et la plupart de ceux qui se sont élevés « contre les *Mélanges d'histoire et de littérature*, de Vigneul de Mar- « ville, se seraient exprimés autrement s'ils avaient su que cet « ouvrage n'est en partie que le résultat ou un abrégé des conversa- « tions savantes ou conférences qui s'étaient tenues à Rouen, chez « M. Bigot. C'est comme un *Bigotiana*. » (P. Adry.)

Émery Bigot, né à Rouen en 1626, mourut en 1689. C'était un érudit chez lequel se réunissaient les beaux esprits de la ville.

Biographiana, the compiler of anecdotes of distinguished persons by William Seward. *London*, 1799, 2 vol. in-12, le premier VIII-IV-288-289 et le second 631 pages.

Ce sont des anecdotes classées par ordre alphabétique d'après le nom des personnes auxquelles elles se rapportent.

Blackguardiana. *London*, in-8°.

Figures. Cité par Namur.

Bobêchiana ou recueil choisi des bons mots du sieur

2

Bobêche, célèbre paradiste des boulevards et de Tivoli, contenant les calembourgs, charges et lazzis, turlupinades et quolibets qui lui ont mérité le surnom de Brunet de la Parade. Ouvrage facétieux destiné à servir de supplément au Brunetiana par M. Charles. « *J'suis bête, c'est vrai, mais faut dire aussi qu'on m'paye pour ça* ». *Paris, Tiger*, s. d., in-18, 107 pages.

Frontispice.

Bobêchiana ou les étrennes de M. Bobêche au public, par Mandelard dit Bobêche, bouffon des fêtes du gouvernement et du jardin Ruggieri. *Paris,* 1816.

Portrait.

Boineburgiana.

L'ouvrage intitulé *Commercii epistolici Leibnitiani* renferme une espèce de *Boineburgiana* et on pourrait aussi donner ce nom aux extraits que Struvius donne des lettres de Johannis Christ. L. B. (liberi baronis) de Boineburg, premier maréchal de la cour de Mayence. (P. A. ry).

Johann von Boineburg, diplomate allemand, naquit à Eisenach en 1622 et mourut en 1680. Leibnitz fut son secrétaire.

Bolæana ou bons mots de M. Boileau, avec les poésies de Sanlecque, etc. A *Amsterdam, chez Lhonoré*, 1742, in-12, 160 pages, (poèmes de Sanlecque, 72 pages).

Par de Losme de Monchesnay, auteur de plusieurs comédies à succès.

Le *Bolæana* avait déjà paru sous le titre de *Bolæana*, ou *Entretiens de M. de Monchesnay avec l'auteur* en tête de l'édition de Boileau de 1740 en 2 vol. et on y lisait : « M. de Monchesnay, par ses liaisons avec Despréaux dont il a partagé la plus intime confiance, en est l'auteur. »

Nicolas Boileau Despréaux, né en 1636, mort en 1711, poète et critique, est un des plus grands écrivains français.

Bolæana. In operibus Bolæanis, 1740, 2 vol. in-8.

Bolæana. In oper. Bolæanis Sancti Marci, 1747, in-8.

Bolæana. In litt. Bolæan. Lugd, 1770, 3 vol. in-12.

Bolæana. In coll. 10 vol. in-8.

Ces 4 derniers *Bolæana* sont cités par **Hécart**, sans autres renseignements.

Bonaldiana.

Annoncé dans le *Gregoireana* de Cousin d'Avalon en 1821, comme étant sous presse.
Nous croyons qu'il n'a pas paru.

Bonapartiana ou recueil des réponses ingénieuses ou sublimes, actions héroïques et faits mémorables de Bonaparte, par Cousin d'Avalon. *Paris, Pillot*, an IX, 1801, 2 vol. in-18, 114 et 140 pages.

Portrait gravé par Mariage.

Bonapartiana ou recueil choisi d'anecdotes, de traits sublimes, de bons mots, de saillies, de pensées ingénieuses, de réflexions profondes de Napoléon Bonaparte, avec un aperçu des actions les plus belles et les plus éclatantes de sa vie, par Cousin d'Avalon. Deuxième édition, revue et augmentée. *Paris, Corbet l'aîné* 1831, in-18, VIII et 346 pages.

Portrait par L. de Poilly.

Bonapartiana, 1833. Troisième édition, revue et augmentée.

Portrait gravé à l'aqua-tinte.

Bonapartiana. Napoléon Bonaparte, sa vie civile et militaire réduite aux seuls faits, suivie d'anecdotes, par Charles D. *Paris*, 1815.

Avec une vue de l'île d'Elbe se dépliant.

Bonapartiana. (Napoléon Ier ou le nouveau) augmenté d'un précis sur l'île d'Elbe, du retour de S. M. à Paris et de ce que la censure avait rayé en 1814. Petite compilation dédiée aux amis de la Violette. Par P. C. *Paris*, 30 mars 1815, in-32.

Portrait colorié.

Bonapartiana ou la fleur des bons mots de l'empereur Napoléon. Anecdotes, jeux de mots, traits sublimes, pensées ingénieuses recueillies par Cousin d'Avalon et

Hilaire le Gai (Gratet Duplessis). *Paris*, *Passard*, 1854, in-32, 179 pages.

Bonapartiana, souvenirs de l'empire ou la fleur des bons mots de l'empereur Napoléon Ier. *Paris*, *Passard*, s. d., in-16.

Figures sur bois, hors et dans le texte.

Borboniana.

Cité dans l'Épigramme de La Monnoye. On en parle aussi dans la préface du *Menagiana* et dans celle du *Casauboniana*. Guy Patin nous apprend, dans ses lettres, qu'il en avait un exemplaire. Le *Borboniana* a paru depuis dans les « *Mémoires historiques et critiques de feu M. Bruys*. Paris, Hérissant, 1751.

On trouve en effet après la page 242 du second volume, un faux titre qui annonce *Borboniana ou fragments de littérature et d'histoire de Nicolas Bourbon*.

Michault, dans ses « *Mélanges* », nous donne encore quelques fragments du *Borboniana*. (P. Adry).

Nicolas Bourbon, né à Bar-sur-Aube en 1574, mort en 1644, appartenait à la congrégation de l'Oratoire. Il était considéré comme l'un des meilleurs poètes de son temps.

Borboniana.

Dans le « *Nouveau portefeuille historique et littéraire* », ouvrage posthume de Bruzen de la Martinière, Amsterdam, 1755, on lit, page 96 : « J'ai ouy autrefois parler d'un *Borboniana* ou Recueil des bons mots « et paroles remarquables des princes de la maison de Bourbon en commençant à Henri IV. » (Note de Beaucousin.)

Bossuaniana ou anecdotes, traits caractéristiques, bons mots, réparties ingénieuses et spirituelles des gens marqués au B. *Paris*, 1817, in-32.

Couverture illustrée et caricature coloriée.
Bons mots des bossus, borgnes et boiteux.

Bossuetiana.

Cité dans la préface du *Maranzakiniana*, nouvelle édition donnée par Brunet, en 1875.
Nous ne l'avons jamais rencontré.

Bouquiniana. Notes et notules d'un bibliologue par B. H. Gausseron. *Paris*, *Daragon*, 1901, in-12, 109 pp.

Tiré à 375 exemplaires. Un des *Ana* les plus spirituels.

Bourbonniana ou recueil d'anecdotes et de traits sublimes des principaux membres de l'illustre famille des Bourbons, depuis saint Louis, roi de France. *Lille, Blocquel*, 1814, in-32, 128 pages.

Couverture illustrée, portrait colorié du roi Louis XVIII et, à la fin, calendrier pour 1815.

Bourdelotiana.

Cité dans l'Épigramme de La Monnoye. On en parle aussi dans la préface du *Menagiana* et dans celle du *Casauboniana*. Il a été imprimé, mais sous le titre suivant : « *Pensées ingénieuses et solides sur divers « sujets de morale, d'histoire, de littérature, de critique formées sur les « plus intéressantes de celles qui se rencontrent dans les meilleurs écri- « vains tant anciens que modernes et tirées des lectures de M. B...* » La Haye, 1746, in-12. C'est l'œuvre de l'abbé Pierre Michon, (né en 1610, mort en 1685,) médecin du grand Condé, et qui prit le nom du savant Jean Bourdelot, son oncle, qui l'avait institué son héritier. (P. Adry.)

Boursautiana.

Cité dans l'Épigramme de La Monnoye. Les lettres de Boursault à l'évêque de Langres sont un véritable *Ana*. C'est sans doute ce qui a engagé M. de La Monnoye à en parler. Ses « *Lettres à Babet* » sont moins intéressantes. (P. Adry.)

Edme Boursault, poète et auteur dramatique, né en 1638, à Mussy-l'Évêque en Bourgogne, mourut à Montluçon en 1701.

Boxiana, by Pierce Egan, *London*, 1812, in-8°.

Figures. Cité par Namur.

Brandiana. Voyez Ecksteiniana.

Brookiana. Anecdotes of Henri Brooke, printed for *Richard Philipps. London*, 1804, in-16, 2 vol., XVI-232 et 236 pages.

Henri Brooke, poète et littérateur anglais, naquit en 1706 et mourut à Dublin en 1783.

Brummeriana, sive Opuscula juridico-historico philosophica. *Fred. Brummer. Lipsiæ*, 1712, in-8°, 579 pages.

Renferme un commentaire sur la loi Cincia, une dissertation sur les échevins, cinq panégyriques en l'honneur de Thomas Reinesius, un poëme héroïque sur la nativité de Jésus-Christ et un discours pour le mariage de Sternburger. Comme on le voit, ce n'est pas un véritable *Ana*.

Brunetiana. Recueil dédié à Jocrisse. *« Ride si sapis » : Riez si vous êtes sage. (Martial, liv. II ép. 41.) Paris. Barba,* an X, 1802, in-18, 180 pages.

Portrait.
Première édition.

Brunetiana. Quinzième édition, contenant uniquement les facéties et les bons mots de M. Brunet dans ses principaux rôles et tout à fait différente des quatorze précédentes. Dédié à M. Brunet, avec son portrait dans le « Désespoir de Jocrisse ». Premier volume de la collection composé de Grivoisiana, Angotiana, Guères de trois, Cricriana, Ivrogniana, Rousseliana, Merdiana, etc., par Anagramme Dauneur (Armand Ragueneau). *Paris, Mme Cavanagh*, 1806, in-18, VIII-180 pages.

Frontispice en couleurs.

Brunetiana. 16me édition.

Même frontispice.
Malgré ces annonces de quinzième et de seizième édition, nous croyons que le *Brunetiana* n'a eu, en tout, que les trois éditions énoncées ci-dessus.
Jean Joseph Mira, dit Brunet, célèbre acteur comique, naquit à Paris en 1766 et mourut en 1851.

Buckeliana, oder Handtrost und Hülfsbuch für Verwachsene beiderlei geschlechts (von Fr. M...) Mit Kupf. und Holzschnitten. *Leipsig*, 1826, in-8.

Traduction en allemand du *Bossuaniana*.

Buheriana.

Michault, dans ses *Mélanges*, dit qu'on ferait un *Ana* de ce qu'il a entendu dire au président Bouhier, président à mortier au parlement de Dijon, membre de l'Académie française, (né à Dijon en 1673, mort dans cette même ville en 1746). (P. Adry.)

Buonaparteana or Sketches to serve for an enquiry into the virtues of the Buonaparte family. *Bath*, printed by *J. Browne*, 1804, in-12, 134 pages.

On remarquera pour cet *Ana* comme pour les suivants que les auteurs ont ajouté à la première syllabe du nom de Bonaparte la voyelle *u*, à laquelle ils attachaient, comme les royalistes de l'époque, une signification défavorable.

Buonapartiana ou choix d'anecdotes intéressantes, relatives à un homme extraordinaire. *Paris et Lille,* 1814, in-32, 128 pages.

Portrait et couverture illustrée. Petit livre populaire très curieux. A la fin calendrier pour 1815.

Buonapartiana ou choix d'anecdotes curieuses, petite compilation pour servir à une grande histoire. A *l'isle d'Elbe et à Paris,* 1814, in-24.

Portrait colorié, couverture illustrée.
Attribué à P. Colau.

Burdettiana and Mainwaringiana by P. Russel. *London,* 1804, in-8.

Cité par Namur.

Burmanniana seu calumniarum P. Burmanni specimen. *Amst.*, 1710, in-12.

Recueil d'injures contre Pierre Burmann, philologue (né à Utrecht en 1688, mort en 1741.) Ce libelle est attribué par Heumann à Le Clerc qui eut une dispute fort vive avec Burmann au sujet du *Pétrone* que celui-ci donna en 1709. Le Clerc s'en défend dans sa « *Bibliothèque choisie* », t. II, p. 404 (P. Adry).

C

Cacophoniana ou journal de ce qui s'est passé en la grande chambre du Parnasse le 27me jour du 12me mois de l'an 5788 (style nouveau le 27 février 1788), suivi du fameux réquisitoire de M. Antoine Oudin de la Brunellerie, avocat d'Apollon contre ce qu'on verra. *Au Parnasse, chez l'imprimeur ordinaire des neuf muses*, 5788, in-8 de 36 pages.

Critique de quelques ouvrages du temps, en particulier de l'*Almanach des grands hommes* de Rivarol.

Caffeana.

Bordelon, dans les *Coudées franches*, Paris, Prault, 1723, dit à la page 23 de la 1re partie : « Comme les livres en *Ana* sont fort à la mode, je suis bien surpris de ce qu'on ne s'est pas encore avisé de faire un *Caffeana*.

L'abbé Desfontaines, dans son *Nouvelliste du Parnasse :* lettre VI, t. I, p. 106, dit en parlant de l'*Allainvalliana :* « On dit que ce petit ouvrage est un recueil « des bons mots qui circulent dans les caffez (sic), C'est proprement un « *Caffeana*. »

Calcographiana. The printseller's chronicle and collector's guide to Knowledge and value of engraved british portraits, by J. Caulfield. *London*, 1814, in-8.

Portrait.

Calviniana.

Voyez l'Épigramme de la Monnoye. Wolf le cite aussi dans sa préface du *Casauboniana*. Théodore Leubscherus, dans l'histoire des *Scaligerana* (Wittemberg 1695) parle d'un *Calviniana*, mais sans nous apprendre où on peut en trouver le manuscrit. (P. Adry.)

Calvin, fondateur de la Réforme en France, naquit à Noyon en Picardie le 18 juillet 1509 et mourut à Genève le 27 mai 1564.

Camusiana.

Ce mot se lit au dos d'un volume in-12, dans lequel le célèbre médecin Ant. Le Camus, né à Paris en 1722 et mort en 1772, avait rassemblé lui-même quelques opuscules, les uns imprimés, les autres manuscrits concernant ses propres ouvrages. (P. Adry.)

Capellana.

On pourrait donner ce nom aux Mélanges de Littérature tirés de lettres manuscrites de Chapelain, de l'Académie française. (P. Adry.)

Capellaniana ou recueil de traits sur la vie et les ouvrages de Jean Chapelain, de l'Académie française, auteur du poëme de la Pucelle. In-4, 108 pages.

Manuscrit autographe d'Hécart, 1821.

Caribbeana containing letters and dissertations relating to trade government of the British sugar colonies and of Barbadoes in particular. *London*, *Osborne*, 1841, 2 vol. in-4.

C'est un *Ana* géographique, politique et économique qui est peut-être le seul de son espèce. Son format ne permet guère de le joindre à une collection d'*Ana*.

Caricaturana. Collection d'Estampes (n° 1 à 54). *Paris*, *Junca*, 1836-1837.

Carnavaliana et Carêmiana ou variétés sur le Carême et le Carnaval. Bons mots, anecdotes plaisantes, chansons, ornés d'une scène de carnaval, à *Bacchopolis* et à *Paris chez les marchands de nouveautés*, s. d., in-18, 122 pages.

Orné d'un très curieux et joli frontispice gravé se dépliant, représentant une scène de carnaval avec une vingtaine de personnages costumés.

Carpenteriana ou remarques d'histoire, de morale, de critique, d'érudition et de bons mots, de M. Charpentier, de l'Académie française. *Paris*, chez *Nicolas Le Breton le fils*, 1724, in-12, 491 pages.

Publié par Boscheron, Galland, Vattier de Bellargent et Lemaître.

Carpenteriana. Recueil des pensées historiques, critiques, morales et de bons mots de M. Charpentier, de l'Académie française. *Paris*, chez *Jean-François Morisset*, 1741, *in-12*, *491 pages*.

François Charpentier, né à Paris en 1620, mort en 1702, était doyen de l'Académie française et de celle des Belles Lettres. Le *Carpenteriana* est formé d'articles de Charpentier, Galland, Vattier de Bellargent, Boscheron, Costard, Varillas et Lemaître.

Casauboniana sive Isaaci Casauboni varia de Scriptoribus librisque judicia observationes sacræ in utriusque fœderis loca. Philologicæ item et Ecclesiasticæ ut et animadversiones in annales Baronii Ecclesiasticos ineditæ et variis Casauboni M. S. S. in Bibliotheca Bodleiana reconditis nunc primum edictæ a Joan. Christ. Wolfio, prof. pub. philosoph. extraordinario in Academ. Witteberg. Accedunt duæ Casauboni Epistolæ ineditæ et praefatio ad librum de libertate Ecclesiastica cum notis editoris in Casauboniana ac praefatio qua de hujus generis libris (in Ana) disseritur. *Hamburgi* sumptibus *Christiani Liebezeit*. Typis *Philippi Ludovici Stromeri*. Anno 1710, in-8, LIV et 368 pages.

Un titre aussi étendu pourrait peut-être nous dispenser d'entrer dans un plus grand détail sur ce Recueil où, au jugement de d'Artigny, « il n'y a presque rien qui réponde à l'idée qu'on doit se former « d'Isaac Casaubon, (érudit helléniste et théologien, né à Genève « en 1559, mort à Londres en 1614), l'un des plus savants et des plus « honnêtes hommes de son siècle. » Ce qu'il y a de plus intéressant dans cet ouvrage, c'est la célèbre préface (54 pages) de Wolff, qui renferme une dissertation sur les livres en *Ana*, connus de son temps. Il en cite trente-deux, dont beaucoup perdus aujourd'hui.

Lilienthal, dans ses *Selecta Historica* (1715), a donné un supplément à cette dissertation.

Catherinotiana.

Beaucousin projetait de composer cet *Ana*. (Note de son catalogue.)

Nicolas Catherinot, jurisconsulte et philologue français, né près de Bourges en 1628, mort en 1688, a écrit une quantité d'opuscules sur l'histoire et les antiquités du Berry.

Ceciliana. *Paris,* an XI, 1802, in-8.

Cité par Hécart.

Chalmeriana or a collection of papers literary and political, by G. Hardinge. *London,* 1800, in-8.

Cité par Namur.

Chamfortiana ou recueil choisi d'anecdotes piquantes et de traits d'esprit de Chamfort, précédé d'une notice sur sa vie et ses ouvrages. « *Magis amica veritas.* » *Paris, chez les marchands de nouveautés.* An IX, in-18, 168 pages.

Composé par Aubin. Un des meilleurs *Ana*.

Sébastien Roch Nicolas, dit Chamfort, né en 1741 en Auvergne, littérateur, membre de l'Académie française, secrétaire du prince de Condé, lecteur de Mme Elisabeth, mourut en 1794.

Chamfortiana, 2e édition. *Paris, Delarue et Lesueur,* an XI, 1802, in-12. 160 pages.

Chassepotiana. Album de 60 caricatures, par Cham. Petit in-4. *Paris, Arnauld de Vresse*, s. d.

Chateaubriantiana ou recueil de pensées, maximes, réflexions de M. de Chateaubriand, entremêlées d'anecdotes curieuses et précédées d'une notice biographique sur l'auteur avec des notes historiques, littéraires et critiques propres à faire connaître l'esprit de ses ouvrages. Par Cousin d'Avalon. *Paris, Planchu,* 2 vol. in-18, 178 et 172 p.

Portrait.

Chateaubriand, l'un des plus grands écrivains du dix-neuvième siècle, naquit le 4 septembre 1768, aux environs de Saint-Malo et mourut à Paris, le 4 juillet 1848.

Chaudrayiana.

L'abbé Bordelon était tenté de faire un *Chaudrayiana* parce que ses lettres sont censées écrites d'un petit village appelé Chaudray, où vivait le célèbre médecin Ozanne. (P. Adry.)

Chevaneana.

Dans les mémoires de Bruys on trouve après le *Borboniana* un *Chevaneana* ou *Fragment de mélanges* de M. Jacques-Auguste de Chevanes, avocat au parlement de Dijon, écrit de sa main.

J. A. de Chevanes, né à Dijon en 1624, mourut en 1690. Il avait voyagé en Italie vers 1667, et était aussi connu par son érudition que par sa rare modestie. (P. Adry).

Chevrœana. *Paris, Florentin et Pierre Delaulne,* in-12, 440 pages.

Cette édition originale a été publiée par Urbain Chevreau lui-même. Elle renferme nombre de pensées délicates que l'on ne trouve pas toujours dans ces sortes de recueils. D'ailleurs, dans l'avertissement « on prévient ceux qui ne cherchent que les mots des halles ou des corps de garde qu'ils ne trouveront pas ici leur compte. »

Chevrœana ou diverses pensées d'histoire, de critique, d'érudition et de morale recueillies et publiées par M. Chevreau. 1700, *Amsterdam Th. Lombrail,* 2 vol. in-12, le 1er 420 p., le 2e 448.

Dans l'édition de 1700, les fautes sont corrigées.
Urbain Chevreau, littérateur né à Loudun en 1613, fut précepteur du duc du Maine, puis secrétaire des commandements de la reine Christine de Suède. Il mourut en 1701.

Christiana ou recueil complet des maximes et pensées morales du Christianisme extraits de la vie des diccours et paroles de Jésus-Christ et de quelques épitres de saint Paul, par Cousin d'Avalon. *Paris, Vatar Jouannest*, an X, 1802, in-18, 138 pages.

Portrait du Christ.
Un des *Ana* les plus singuliers.

Christiana. Ein Christliches Familienbuch. *Aachen Kaatzer*, 1836, in-8.

Cité par Namur.

Chrysolorina.

Guarinus de Vérone écrivait le 15 avril 1415, à l'illustre Manuel Chrysoloras (mort au commencement du concile de Constance) :
« Je remarque que plusieurs fruits conservent fidèlement les noms « de leurs inventeurs et les transmettent à la postérité; qui nous « empêche de donner le nom de *Chrysolorina* à ces semences nouvelles « de littérature et des beaux arts que vous avez transplantées parmi « nous? »

Ciceroniana.

Dans l'avis qui précède la quatrième partie du *Poggiana*, Lenfant parle des recueils de bons mots, entre autres d'un *Ciceroniana*.

Ciceroniana edita cura et sumptu Henningii Lochorii. *Hamburg*, 1683, in-fol.

Ciceroniana ou recueil de bons mots, apophtegmes de Cicéron, suivi d'anecdotes et de pensées tirées de ses ouvrages et précédé d'un abrégé de son histoire avec des notes. *Lyon*, *Ballanche*, 1812, in-8, 239 pages.

Par Péricaud aîné et C. Bréghot du Lut.

Cicéron, le plus éloquent des orateurs romains, naquit en 106 av. J. C. et mourut assassiné en 43 av. J. C.

Circusiana by J. C. Cross, *London*, 1809, 2 vol. in-8.

Cité par Namur.

Claussnarriana.

Voyez *Arlequiniana*. Bellarmin, cité par Wolff, dit qu'on pourrait opposer aux *Arlequiniana* des Français les *Claussnarriana* et les *Eulenspigeliana* des Allemands. (P. Adry).

Clementiana ou pensées ingénieuses de saint Clément d'Alexandrie, par M. Morellet.

Cité par Peignot.

Cliffordiana. (Collectanea) in three parts containing : I. Anecdotes of illustrious personages of the name of Clifford. II. Historical and genealogical notices respecting the origin and antiquity of the Clifford family. III. Clifford, a tragedy by Arthur Clifford. *Paris*, in-8°.

Cobleriana or the Cobler's Medley, being a choice collection of the miscellaneous pieces in prose and verse, serious and comic of Jobson the Cobler of Drury Lane. *London*, 1768, 2 vol. in-12.

Colnetiana.

Annoncé dans le *Gregoireana* de Cousin d'Avalon, en 1821, comme étant sous presse.

N'a pas paru, croyons-nous.

Colomesiana.

Cité dans l'Épigramme de la Monnoye et dans différents ouvrages du dix-huitième siècle, entre autres dans le *Choix des Ana* et dans le « *Mélange curieux des meilleures pièces attribuées à St Évremont et de quelques ouvrages rares et nouveaux* » publié par Des Maizeaux en 1706. Plus tard, le même Des Maizeaux fit paraître un recueil comprenant les *Scaligerana*, *Thuana*, *Perroniana*, *Pithœana*, et *Colomesiana*.

Paul Colomiès, calviniste érudit, naquit à la Rochelle en 1638.

Comediana ou recueil choisi d'anecdotes dramatiques, bons mots des comédiens et réparties spirituelles de bonhomie et de naïveté du parterre, par Cousin d'Avalon. *Paris, Marchand,* an IX, 1801, in-18, VIII-139 pages.

Orné d'une curieuse vignette gravée, pliée, représentant la cérémonie turque du *Bourgeois gentilhomme*.

Commiriana.

Cité dans l'Épigramme de La Monnoye. Le père Jean Commire jésuite, dont le vrai nom était Commère, naquit à Amboise en 1625, et mourut à Paris en 1702. Il passait pour un des meilleurs poètes de son ordre. « Comme il ne se mêla guère des affaires du monde, un *Ana* de sa façon ne nous aurait pas appris beaucoup d'anecdotes. » (P. Adry).

Communardiana, par Nix. *Paris*, 1871, in-4°.

Quinze planches coloriées, couverture illustrée.

Par Demare. Un des albums les plus curieux sur la Commune. Chaque planche reproduit huit ou neuf têtes d'expression de cette sinistre époque : le major Petrolowick, Mme Petrolinska, les petites Pétrolettes, etc., etc.

Conringiana epistolica, sive animadversiones variæ eruditionis ex B. Herman. Conringii, polyhistoris, celeberrimi epistolis, miscellaneis nundum editis libatæ per Christophorum Henricum Ritmeierum prof. *Helmstadii,* anno 1708, in-12. 312 pages.

Conringiana epistolica sive animadversiones variæ eruditionis ex B. Herman. Conringii, polyhistoris, celeberrimi miscellaneis nondum editis libatæ cura Christophori Henrici Ritmeieiri D. et p. p. Editio nova priori longe auctior, Lipsiæ et Wolfferbyti sumptibus Godofr. Freytagii, Bibliop. *Helmstadii,* anno 1719, in-8°, 424 pages.

Cet ouvrage contient des attaques violentes contre le catholicisme par Hermann Conringius, professeur de droit à Helmstadt. Il naquit à Norden en Frise, en 1606, et mourut en 1681. Le roi Louis XIV lui servait une pension.

Cordeliana ou actions et aventures de Cordeil de Toulon, en vers. *Amsterdam, Braakman*, 1698, in-12, 99 pages.

Cité dans le « *Catalogue de livres de Louis-André Le Brun, écuyer, de Paris, Osmont*, 1743. Beaucousin indique cet *Ana* comme rarissime.

Cordeil, né à Toulon, fut directeur des arts et métiers à Bourges. Cet *Ana* est un libelle contre tous les employés du Berry.

Cornariana ou recueil d'anecdotes, de scènes amusantes, de bons mots, de naïvetés et quiproquos plaisants de maris de tous rangs, etc. ; leurs procès, leurs discussions, leurs précautions, etc. Associations cocugiennes. Petite synonymie ou linguistique du cocuage ; littérature, théologie et bibliographie cocualiques, etc., par Oscar Ledru, docteur en droit, (auteur du Cuckoldiana), in-12, imprimé sur papier jaune avec illustrations.

Ouvrage signalé comme étant sous presse fin mai 1875, dans le catalogue *J. Gay et fils*.

Corneliana.

Fontenelle, dans une lettre adressée aux auteurs du *Journal des Savants*, dit en parlant des articles 6 et 106 du *Bolæana* où il est parlé de Thomas Corneille : « Si l'on avait de lui un *Corneliana*, il ferait un beau contraste avec le *Bolæana*. » (P. Adry.)

Cortesiana.

Voyez « *La Foudre* », journal politique et littéraire, 1823. T. IX, n° 9, p. 210-213. (Namur.)

Coryciana.

Il n'y a que ce seul mot au milieu de la première page ; au verso on lit :

Cantum est Clementis VII pont. opt. max. privilegio ne quis hoc opus ad Decennium imprimari audeat ; qui contra fecerit gravissimas incurret pœnas quæ continentur principis diplomati.

Au verso suivant : *Blossius Palladius. Ro. Jano, Corycio, Lucumburger a libellis just. v. c. s. p. D. in-8°, 134 feuillets.*

Beaucousin cite un autre exemplaire : *Coryciana seu carminum libri très a Blossio Palladio collecti. Impressum Romæ apud Ludovicum Viscontinum et Laubitium Perusinum. Mense Julio 1524 in-4°.*

Le plus ancien et pour nous le plus rare de tous les *Ana*.

Corycio ou Goryzio était d'origine allemande (Luxembourgeois?). Il avait fait construire vers 1514, à Rome, une magnifique chapelle dans l'église Saint-Augustin. Un grand nombre de poètes dont il était le Mécène se réunirent pour célébrer en vers latins sa piété et sa munificence. Leurs poésies furent publiées à Rome, en 1524, par Blossius Palladius et intitulées *Coryciana*.

Cossoniana memoria. *Lugd. Batav*, 1695., in-4°.

Cité par Namur. Ne doit pas être un *Ana*.

Cotiniana.

Cité dans l'*Anagrapheana* d'Hécart, comme manuscrit, in-16.

Courtisaniana ou la malice des femmes, recueil de contes, anecdotes, bons mots, réparties, historiettes divertissantes et plaisanteries pour ou contre le dieu Hymen, publié par Jean Cornard, président de la Société des cocus et dédié à tous ses confrères présents et futurs : « *Peu en meurent, beaucoup en vivent.* » A *Cornouailles et à Paris, chez Boisset, à la Haute-Futaie et au Dépot des Ana*, 1817, in-32, 128 pages.

Figure coloriée.

Cravatiana, ou traité général des cravates considérées dans leur origine, leur influence politique, physique et morale, leurs formes, leurs couleurs et leurs espèces, ouvrage traduit librement de l'anglais sur la huitième édition. *Paris, Ponthieu*, 1823, 84 pages.

Orné de vignettes, fleurons et d'une gravure en taille-douce.

Ce curieux petit livre eut un succès fou, lors de son apparition en pleine époque d'anglomanie. Il indique une douzaine de façons de mettre sa cravate.

Cravatiana oder Neueste Halstuch Toilette für Herren, welche die modernsten Arten das Halstuch zu tragen, geben. *Ilmenaü, Voigt*, 1823, in-12.

Figures.

Cravatiana. Zweiter Ausflug, *ibid.*, *Voigt*. 1828.

Réédition du précédent.

Cricriana ou recueil des halles, suite de Brunetiana, Angotiana, Guères de trois. « *Qui fait des calembourgs prend les sauts pour bonds* », par Anagramme Dauneur. A *Paris*, chez *Mme Cavanagh*, an XI, 1803, in-18, 178 pages.

Figure coloriée représentant Tiercelin et Brunet dans *Cri-cri*.

Cromwelliana, a Chronogical detail of events in which

Cromwell was engaged. *Westminster and London*, 1810, in-fol.

Olivier Cromwell, chef de la Révolution anglaise, naquit en 1599, et mourut en 1658.

Cruikshankiana, an assemblage of the most celebrated works of George Cruikshank. *London, Lumley*, s. d. (1835), in-fol.

Album recherché comprenant 69 planches de croquis du célèbre artiste écossais Cruikshank. (1746-1800).

Cuckoldiana ou recueil de bons mots, de naïvetés, de quiproquos plaisants de cocus de tous rangs anciens et modernes, le tout assaisonné d'épigrammes, de chansons et de contes en vers congruants au sujet, par Oscar Ledru, docteur en droit. A *Paris, chez l'éditeur Plumage*, ère de Ménélas, 2769 (1869), in-12, 75 pages.

Tiré à 125 exemplaires numérotés.
Imprimé sur papier jaune serin.

Cythereana, ou recueil de pièces tant imprimées que manuscrites en vers et en prose sur le sein des femmes, l'amour, le plaisir, la volupté et les singularités du sujet. Exemplaire fait à plaisir. A *Sybaris*, (Paris), 1852-57.

Recueil de pièces fort hardies. Nous citerons entre autres : Origine de la couleur cocuaire. (*Bibliographie jaune*.)

D

D'Alembertiana ou recueil d'anecdotes, bons mots, plaisanteries, maximes, réflexions, sentences et pensées de d'Alembert, suivi de notes et d'éclaircissements relatifs à ce philosophe. « *Les grands talents « attirent la haine, comme le fer attire la rouille. La seule mé- « diocrité n'a pas d'ennemis.* » Par Cousin d'Avalon. *Paris, Davi et Locara*, 1813, in-18, 192 pages.

Portrait.

Jean Lerond, dit d'Alembert, né à Paris en 1717, littérateur et un des rédacteurs de l'Encyclopédie, mourut en 1783.

D'Alembertiana. Recueil d'anecdotes, pensées, bons mots, réflexions et sentences de d'Alembert, précédé d'une notice sur la vie de ce philosophe célèbre. *Paris, Delarue*, s. d., in-24, 64 pages.

Datheniana ou éclaircissements et remarques sur la version renommée des pseaumes de Pierre Dathenus recueillis des anciens, et vrais mémoires et manuscrits authentiques et diverses leçons des plus illustres savants, avec les appendices nécessaires et un cantique ; le tout pour la défense de cet excellent poète, par et sous la direction de Juvenalis Glaucomaster, défenseur de l'innocence opprimée. *Utrecht*, 1758, in-4.

Dans cet ouvrage l'auteur entreprend de tourner en ridicule la version des psaumes de Pierre Dathenus. A la suite est une épître dédicatoire aux auteurs du *Kralingiana*.

Daumiana.

Cité dans la préface du *Casauboniana* et dans l'Épigramme de La Monnoye. N'a jamais été imprimé.

Suivant Ernest Loescher, qui offrait même le manuscrit à celui qui voudrait le faire imprimer, ce sont des Mélanges de littérature de Christian Daumius, bon et fécond critique, recteur du collège de Zwickau, en Saxe Il mourut en 1687, à 75 ans, avec la réputation d'un des plus grands littérateurs de son pays. (P. Adry.)

Davidiana.

A paru dans le recueil des Compositions du fondateur de l'Académie de chant de Berlin. Trautwein (Namur.)

Davieriana.

Cité comme manuscrit dans l'*Anagrapheana* d'Hécart.

D*diana.** *Amsterdam*, 1701 in-12.

Cité par Namur.

Delilliana ou recueil d'anecdotes concernant M. l'abbé Jacques Delille. avec une notice sur sa vie. *Paris. Davi et Locard*, 1813, in-18, 144 pages.

Portrait.
Par Cousin d'Avalon.
Jacques Delille, poète didactique, né à Aigueperse en 1738, mourut à Paris en 1813.

Demoniana ou nouveau choix d'anecdotes prodigieuses, d'aventures bizarres sur les revenants, les spectres, les fantômes, les démons, les loups-garous, les visions, etc., par Mme Gabrielle de P... *Paris*, 1820. IV, 5, 246 pages.

Figures.

Destiniana ou coup d'œil rapide sur les événements de la vie de H. J. Le Turc. « *Dum spiro spero* » *Bruxelles*, 1814, 24 pages.

Autobiographie curieuse où il est parlé de Lille, Douai, Dunkerque, et Strasbourg. Il y est aussi question de l'entrée de l'empereur d'Autriche à Paris le 15 avril 1814.

Le Turc, fils d'un attaché à l'ambassade de France à Londres, naquit en 1779.

Dickensiana, a bibliography of the literature relating to Charles Dickens and his writings. Compiled by Fred. G. Kitton. *London, George Ridway*, 1886, in-12, XXXII-510, 1-24 pages.

Dickens, célèbre romancier anglais, naquit à Portsmouth en 1812 et mourut à Londres en 1870.

Diecmanniana. *Bremen und Verde* ι. 1758, in-8.

Dans l'ouvrage de J. H. Von Seelen : « *Die Herzogthümer*. » Cité par Namur.

Diderotiana ou recueil d'anecdotes, bons mots, plaisanteries de Denis Diderot, par Cousin d'Avalon. *Paris, chez l'éditeur*, 1810, in-18, 157 pages.

Portrait.

Diderotiana. *Paris, Lebel et Guitel,* 1811, in-18, 157 p.

Figures.

Denis Diderot, écrivain, né à Langres en 1713, mourut à Paris en 1784.

Ducatiana ou remarques de feu M. Le Duchat sur divers sujets d'histoire et de littérature recueillies dans ses manuscrits et mises en ordre par M. F... *Amsterdam, Pierre Humbert,* 1738, 2 vol. in-12, 217 et 545 pages.

Frontispice gravé à chaque volume.

Publié par Jean Henri Samuel Formey, issu d'une famille originaire de Champagne. Né à Berlin en 1711, il fut nommé secrétaire perpétuel de l'Académie de cette ville où il mourut en 1797.

Très intéressant ouvrage où l'on trouve des remarques sur tous les autres *Ana* de cette époque et sur les proverbes.

Dupiniana et Sauzetiana Recueil de bons mots, calembourgs, rébus et lazzis des députés, pairs, magistrats, fonctionnaires, littérateurs et artistes de l'époque, découverts et mis en lumière par les trois hommes d'état du Charivari, les rédacteurs du Corsaire et autres sommités littéraires, et publiés par un oisif. *Paris, Chez les principaux libraires*, 1840, in-24, 140 pages.

Les principaux personnages cités sont Dupin, Sauzet, Soult, Fontaine, Thiers, Benjamin Delessert, Casimir Delavigne, etc.

Dutensiana pour servir de suite aux « Mémoires d'un voyageur qui se repose. » *Londres, B. Dulau,* 1806, in-8°.

Cet ouvrage forme le troisième volume des *Mémoires* de Dutens, écrivain, né à Tours en 1730, mort en 1812 en Angleterre, où il s'était retiré et dont il devint historiographe.

E

Ecksteiniana. (Papiere des Kleeblatts) oder Brandiana und Andresiana. *Meldorf und Leipzig*, 1787, in-8°.

Cité par Namur.

Eleonoriana. Mélanges littéraires par M. de Labouisse. Juillet 1814, in-12, 232 pages.

Eleonoriana, supplément, *Narbonne*, 1815, in-12, 360 p.

J. P. J. A. de Labouisse Rochefort, poète, naquit à Saverdun (Ariège) en 1778, et mourut à Toulouse en 1852. Son *Eleonoriana* renferme des choses très intéressantes concernant toutes les femmes célèbres ayant porté le nom d'Éléonore (la sienne en particulier.)

Elswichiana. *Bremen und Verden*, 1750, in-8°.

Dans l'ouvrage de J. H. Von Seelen : « *Die Herzogthümer.* »
Cité par Namur.

Encyclopediana ou dictionnaire encyclopédique des Ana. Contenant ce qu'on a pu recueillir de moins connu ou de plus curieux parmi les saillies de l'esprit, les écarts brillants de l'imagination, les petits faits de l'histoire générale et particulière, certains usages singuliers, les traits de mœurs et de caractère de la plupart des personnages illustres anciens et modernes, les élans des âmes fortes et généreuses, les actes de vertu, les attentats du vice, le délire des passions, les pensées les plus remarquables des philosophes, les dictons du peuple, les réparties ingénieuses, les anecdotes, épigrammes et bons mots, enfin les singularités en quelque sorte des sciences, des arts et de la littérature. « *Jucunda et idonea dicere vitæ.* » (*Horat. De arte poetica. Paris, Panckouke*, 1791, in-4°, VII-964 pages.

Encyclopediana ou l'abeille de Montmartre, recueil curieux, instructif, moral, religieux et philosophique dédié aux amis de l'érudition. « « *J'ai vu le goût du jour et j'ai publié cet Ana.* » *Paris*, *Marchand*, an IX, 1801, in-18, 141 pages.

Joli frontispice gravé en couleurs.

Encyclopediana. *Auguste Hus*, 1822, in-8°.

Cité par Hécart.

Encyclopediana, recueil d'anecdotes anciennes, modernes et contemporaines tiré : 1° de tous les recueils de ce genre publiés jusqu'à ce jour; 2° de tous les livres rares et curieux touchant les mœurs et les usages des peuples ou la vie des hommes illustres; 3° des relations de voyage et des mémoires historiques; 4° de manuscrits inédits, etc., etc. *Paris*, *Paulin,* 1843, in-8, 930 pages.

Couverture imprimée.

Encyclopediana. Nouvelle édition illustrée de 120 vignettes. *Paris*, *Garnier frères*, s. d., gr. in-8°, 930 pag.

Ephrœmiana. In librum Jobi program. *J. L. Fririepii*, *Lipsiæ*, 1769, in-4°.

Cité par Namur.

Epitaphiana or the curiosities of churchyard literature, being a miscellaneous collection of epitaphs. By W. Fairley. F. S. S. *London, Samuel Timsley,* 1873, in-12, 171 pages.

Etoniana *William Blackwood and sons. Edinburgh and London,* 1855, VIII-238 pages.

Eulenspiegeliana.

Benthemius, cité par Wolff, dit qu'on pourrait opposer aux *Arliqui-*

niana des Français les *Claussnariana* et les *Eulenspiegeliana* allemands. (P. Adry.)

Tyl Uylenspiegel est le type du bouffon flamand.

Ex-libris ana. Notices historiques et critiques sur les ex-libris français, depuis leur apparition jusqu'à l'année 1895, suivies d'une table des noms cités et d'un index bibliographique des ouvrages et articles de revues, journaux français et étrangers se rapportant aux ex-libris, par H. Jardère. Ouvrage orné de trente-deux planches gravées. *Paris*, *Joly*, s. d., gr. in-8° IV-110 et 16 pages.

Bel et intéressant ouvrage donnant une étude approfondie et raisonnée des ex-libris et une reproduction de superbes types du genre, gravés avec soin.

F

Fabriana.

On lit dans le *Pithœana* : « M. Grosley avait un *Fabriana*. (P. Adry.) Dans le recueil des *Ana* donné par des Maizeaux en 1740, se trouvent à la fin du *Pithœana* (p. 158) quelques bons mots de M. Lefebvre, précepteur du roi Louis XIII.

Facetiana, précédé de l'origine de Mlle D'Alambic, épouse d'Esprit pointu, et orné de son portrait en taille d'ours (*sic*), avec les bons mots de Marianne, par Anagramme Dauneur. *Paris*, 1816, in-18.

Très curieuse figure coloriée. Assez rare.
Par Armand Ragueneau de la Chainaye.

Falkiana. *Hamburg, Vollmar*, s.a., 1811, in-8.

Cité par Namur.

Fantasmagoriana ou recueil d'histoires d'apparitions, de spectres, revenants, fantômes, etc., traduit de l'allemand par un amateur. « *Falsis terroribus implet* » (*Horat*). *Paris, Schoell*, 1812 ; 2 vol. in-12, 276 et 303 pages.

Par Eyriès, né à Marseille, mort à Graville (1767-1846).

Fayana bibliotheca a Gabriele Martin. *Parisiis apud Gabrielem Martin*, 1725, in-12, 6-XXII-450, 110 et 51 pages.

Feletziana.

Annoncé dans le *Gregoireana* de Cousin d'Avalon en 1821, comme étant sous presse. N'a pas paru.

Feminæana ou la langue et l'esprit des femmes. Recueil

de ruses, bons mots, naïvetés, saillies, réparties ingénieuses, etc., etc., du beau sexe. Suivi d'une notice sur les plus illustres Françaises, par Marc Antoine, auteur d'un roman comme un autre. *Paris, veuve Devaux* an IX, 1801, 192 pages.

Frontispice se dépliant, par Blanchard.
Cet *Ana* est attribué à Cousin d'Avalon.

Foiriana, recueil piquant et amusant pour les amateurs, contenant des fragments de Caquire, parodie de Zaïre par M. de Vessaire. Anecdotes odoriférantes, terminé par divers fragments extraits des œuvres poissardes de Vadé, le tout destiné à certain usage. A Foirance, établissement des cabinets secrets, n° 100, s. d. in-18, 96 pages.

Figures.
Recueil scatologique paru en 1828, et souvent réimprimé depuis.

Fontainiana ou recueil d'anecdotes, bons mots, naïvetés, traits ingénus de Jean de la Fontaine, suivi de l'éloge de la galle et de plusieurs autres de ce poète, inédites. « *Il ne faut pas louer La Fontaine, il faut le lire, le relire (La Harpe).* » *Paris, Pillot*, 1801, in-18, 142 pages.

Portrait.
Par Cousin d'Avalon.
Il est à noter que « l'Éloge de la gale » manque souvent au *Fontainiana*.
Jean de la Fontaine, l'immortel fabuliste, naquit à Château-Thierry en 1621, et mourut à Paris en 1695.

Fontanesiana ou recueil des opinions et réflexions de M. de Fontanes, entremêlées de plusieurs fragments de prose, de poésies peu connues du même auteur, et précédées d'une notice sur sa vie politique et littéraire, par Cousin d'Avalon, « *Sine odio, sine ira* ». *Paris, Plancher*, 1820, in-18, 176 pages.

Portrait.
Louis, marquis de Fontanes, poète et homme d'État, né à Niort en 1757, mourut en 1821.

Fontenelliana ou recueil des bons mots, réponses ingénieuses, pensées fines et délicates de Fontenelle.

« *L'ignorant l'entendit, la savant l'admira.* » (*Voltaire*), par Cousin d'Avalon. *Paris, Marchand*, 1801, in-18, XII-142 pages.

Portrait.

Bernard Le Bovier de Fontenelle, l'homme le plus universel de son siècle, naquit à Rouen en 1657, et mourut en 1757 à Paris.

Fontenelliana.

On trouve aussi dans *l'Almanach littéraire ou Étrennes d'Apollon de 1777, 1re année, p. 89, Fontenelliana, ou bons mots recueillis des conversations de M. de Fontenelle.*

L'auteur anonyme, après avoir critiqué l'ouvrage de l'abbé Trublet sur Fontenelle, se borne à copier dans ledit ouvrage les trois quarts des bons mots qu'il rapporte. (P. Adry.)

Foxiana.

Dans le *Monthly Magazine*, Avril 1818.
Cité par Namur.

Frankliniana.

On trouve dans l'*Almanach littéraire ou Étrennes d'Apollon pour 1791*, un *Frankliniana* par d'Aquin, soi-disant cousin de Rabelais. (P. Adry).

Frankliniana ou recueil d'anecdotes, bons mots, réflexions, maximes et observations de Benjamin Franklin : « *Eripuit cœlo fulmen sceptrumque tyrannis* » par un Américain. *Paris, Tiger*, s. d., in-18, 108 pages.

Portrait gravé.

Benjamin Franklin, physicien et homme d'état américain, naquit en 1706 à Boston et mourut en 1790 à Philadelphie.

Fredericiana ou recueil d'anecdotes, bons mots et traits piquants de Frédéric II, roi de Prusse. « *Jacet-stat-incedit.* » *Paris, Lemarchand*, an IX, in-18, XXIV-116 pages.

Portrait gravé en taille-douce par Bovinet.

Fredericiana, recueil d'anecdotes, bons mots de Frédéric II, roi de Prusse. *Paris, Delarue*, s. d., in-32, 64 pages.

Freineriana.

Dans l'ouvrage : « *Ma Dette* » s. l. n. a., in-8°.
Cité par Namur.

Frostiana. *London* pr. and publ. on the ice of the river Thames by *G. Davis*, 1814, in-12.

Cité par Namur.

Friponiana ou recueil d'anecdotes sur les ruses employées par les filous, escrocs, pour faire des dupes. *En Normandie, chez Ch. Le Simple* (*Lille, Blocquel*), 1812, in-18.

Figure coloriée.

Furetiriana ou les bons mots et les remarques d'histoire, de morale, de critique, de plaisanterie et d'érudition de M. Furetière. *Paris*, *Thomas Guillain*, 1696, in-12, 378 pages.

Publié par Guy Marais.

Furetiriana. Seconde édition. Les bons mots, etc., etc. *Lyon, Thomas Amaulry*, 1696.

Furetiriana. *Bruxelles*, 1699.

Furetiriana.

Édition de 1708, avec des remarques du traducteur, P. Ribou, citée dans l'*Anagrapheana*.

Antoine Furetière, érudit, né à Paris en 1619, fut abbé de Chalivoy en Berry et mourut en 1688.

Fungusiana. *London*, 1809, in-12.

Cité par Namur.

Furstenbergiana.

La Monnoye dans son Épigramme, parle d'un *Furstenbergiana*, ce qui suppose qu'on avait annoncé quelques mélanges de littérature du savant évêque de Paderborn et de Munster, Ferdinand, baron de Furstenberg, mort en 1681. On en trouve des traces dans les ouvrages du P. Léon Frizon, Périgourdin, (mort à Bordeaux en 1700), sous cette rubrique : *Libri quatuor tres poematorum variorum de Ferdinando Furstenbergio episcopo ac principe Monasteriensi et Paderbornensi auctore Leonardo Frizon S. J. quartas epistolas ipsius principis*, etc., etc. *Burdigalæ*, *1684*, *in-12*. (P. Adry.)

Ancillon cite également cet ouvrage.

G

Gaertneriana. *Dresden,* 1727, in-4°.

Cité par Namur.

Galanteriana ou choix de propos joyeux et d'anecdotes galantes, anciennes et modernes, nationales et étrangères, par un ancien capitaine de dragons.

« Composé dans ses goûts et dans son caractère, »
« Au Français né galant ce livre devait plaire. »

Paris, 1814, 2 vol. in-12, le 1er 304, le 2e 342 pages.

Anecdotes et traits souvent assez libres. Il y est plusieurs fois question de Sophie Arnould.

Galletiana. *Berlin, Nicolaïsche Verlagsbuchhandlung,* 1876, pet. in-16 carré. VI-7, 51 pages.

J. G. Aug. Galleti, historien allemand, né à Altenburg en 1750, mort en 1828, fut conseiller aulique et historiographe du duc de Saxe-Gotha.

Gascogniana ou recueil des bons mots des habitants des bords de la Garonne et de tous les Gascons du monde, *à Bordeaux, chez M. de Crac,* 1809, in-32, 126 pages.

Gascogniana ou recueil des hauts faits et jeux d'esprit des enfants de la Garonne, par M. G. *Paris, Marchand,* an IX, 1801, in-18, de 178 pages.

Frontispice en couleurs.

Gascogniana. 1812, in-24.

Couverture illustrée, fronstispice en couleurs.
Inspiré par le *Vasconiana* de 1708.

Gascogniana (nouveau) ou gasconnades d'un Gascon, par Cousin d'Avalon. *Paris, Corbet,* 1836, in-18, XII-238 pages.

Gastronomiana ou recueil curieux et amusant d'anecdotes, bons mots, plaisanteries, maximes et réflexions gastronomiques, précédé d'une dissertation historique sur la science de la gueule et entremêlé de chansons et propos de table propres à égayer la fin d'un repas.

« Nous n'avons qu'un temps à vivre,
« Amis, passons-le à table. »

Paris, Favre, s. d., in-18, 175 pages.

Frontispice en couleurs.
Un des meilleurs *Ana* de Cousin d'Avalon.

Gastronomiana ou recueil d'anecdotes, réflexions, maximes et folies gourmandes, dédié aux amateurs de la bonne chère. *Paris, Chez les marchands de nouveautés,* 5825 (sic), in-32, 128 pages.

Figure coloriée. Calendrier pour 1812.

Gastronomiana. Trésor des bons mots, plaisanteries, aventures, excentricités des disciples de Comus ; édition renfermant tout ce qu'un véritable gastronome doit connaître pour faire son chemin dans tous les états policés de notre globe, par Ana-Gramme Blismon. *Paris, Delarue*, s. d. in-24, 320 pages.

Par Simon Blocquel.
De la Bibliothèque amusante.

Gastronomiana de Léon de Fos. Proverbes, aphorismes, préceptes et anecdotes en vers, précédés de notes relatives à l'histoire de la table, par Georges d'Heilly. *Paris, Rouquette,* 1870, in-16, XXXV-169 pages.

Gastronomiana (le véritable), ou les Gascons peints par eux-mêmes, par Anagramme Blismon. *Paris, Delarue,* s. d. in-32, 142 pages.

De la Bibliothèque du Conteur.

Genlisiana ou recueil d'anecdotes, bons mots, plaisanteries, pensées et maximes de Mme de Genlis, précédé d'une notice sur sa vie et ses ouvrages, par Cousin d'Avalon, « *Quis mulierem fortem inveniet.* » *Paris, Librairie Politique*, 1820, in-18, 180 pages.

Portrait.

Félicité Stéphanie Ducrest de Saint-Aubin, comtesse de Genlis, célèbre femme auteur, naquit en 1746, au château de Champcery près d'Autun, et mourut au mois d'octobre 1830.

Gensiskhana. Catalogue anecdotique, bibliographique, biographique et facétieux des livres de la bibliothèque du comte André Rostopchine, accompagné d'une vinaigrette de notes, la plupart malsonnantes pour les morts comme pour les vivants. Dédié à mon maître en bibliographie S. S. (Serge de Sobolewski). *Bruxelles*, Mars 1862, gr. in-8, 332 et XXI pages.

Avec un portrait de l'auteur, vu de dos et gravissant une échelle dans sa vaste bibliothèque.

Tiré à cinquante exemplaires non mis dans le commerce. Très rare.

Georgiana, sive Tentamina poetica in Georgium regem Britanniae a Georgio Crabb. *Londini*, 1725, in-8°.

Georgiana.

Autre édition en 1825, citée dans *l'Anagrapheana* d'Hécart.

Gerberoniana.

Cet *Ana* est indiqué sans autre renseignement dans la Bibliothèque janséniste du père Colonna.

« C'est sans doute, dit Beaucousin, l'abrégé que le père dom Gabriel « Gerberon (bénédictin de Saint-Maur, né à Saint-Calais en 1628, « mort en 1711, janséniste), a fait de sa propre vie et qui est resté ma- « nuscrit »

Gersoniana.

On trouve en tête des œuvres de Gerson : *Joannis Gersonii opera omnia in editione Ludovici Elliès du Pin, Antverpiæ, 1706*, un *Gersoniana* dans le genre de l'*Origeniana*, qu'avait donné Huet. (P. Adry.)

Gersoniana collectanea, ou recueil d'études, de recherches et de correspondance littéraire, ayant trait au problème bibliographique de l'origine de l'Imitation de Jésus-Christ, publiées par Jehan Spencer Smith. *Caen*, 1842, gr. in-8.

Jean Carlier de Gerson, surnommé le Docteur très chrétien, né en 1363, près de Rethel, écrivit plusieurs ouvrages de haute théologie. Il mourut en 1429.

Gloriana. Louis Ulbach. *Paris*, *Coquebert*, 1844, in-8, 356 pages.

Louis Ulbach, écrivain politique et romancier, naquit en 1821, et mourut en 1889.

Grandidierana. Lettres de Grandidier à dom Clément, avec un opuscule inédit sur le calendrier, publiées par A. M. P. Ingold. *Paris*, *Picard*, 1900, in-8°, 16 pages.

Grandidier (Phil.-André), historien ecclésiastique, né à Strasbourg en 1752, protégé par le cardinal de Rohan, devint successivement archiviste de l'archevêché de sa ville natale, chanoine du grand chœur et historiographe de France. Il mourut en 1787.

Grassiana ou Œuvres mêlées de M. Pierre le Gras du Villard, premier chanoine de l'église collégiale de Saint-André de Grenoble et supérieur de la maison de Parménie.

Cité sans autres détails dans le premier volume de « *La France Littéraire* », où il y a, ainsi que dans le troisième volume, le catalogue des ouvrages de ce savant. (P. Adry.)

Le Gras du Villard mourut en 1785, à l'âge de 85 ans.

Grassottiana. *Paris*, *Parmantier*, 1856, in-32, 87 pages.

Portrait.

Paul-Louis Grassot, fameux acteur comique, naquit à Paris le 24 décembre 1804, et y mourut en 1860.

Gregoireana ou résumé général de la conduite, des actions et des écrits de M. le comte Henri Grégoire, ancien curé d'Emberménil, député de la Lorraine aux États généraux, à l'Assemblée Nationale constituante, évêque constitutionnel de Blois, député de ce département à la Convention Nationale, au Conseil des Cinq Cents, Membre du Corps Législatif, sénateur, etc., etc. Précédé d'une notice sur sa vie politique, littéraire et religieuse, contenant quelques anecdotes propres à faire connaître ce prélat, par Cousin d'Avalon. *Paris, Plancher*, 1821, in-18, 178 pages.

Portrait.

L'abbé Grégoire naquit en 1750 à Vého, près de Lunéville, et mourut en 1831 à Paris.

Grimmiana ou recueil des anecdotes, bons mots, plaisanteries de Grimm, avec les pensées, maximes et jugements de ce philosophe, extraits tant de sa correspondance que de celle de La Harpe, des mémoires et brochures du temps; contenant des traits peu connus sur plusieurs littérateurs vivants et un choix de bons mots de Mlle Arnould, par Cousin d'Avalon. *Paris, Davi*, in-18, 1813, 164 pages.

Portrait gravé.

Fréd. Melchior, baron de Grimm, né en 1723 à Ratisbonne, se lia avec les principaux écrivains de son temps et entretint avec eux une intéressante correspondance littéraire. Il mourut à Gotha en 1807.

Grivoisiana ou recueil facétieux par Martainville. « *Un gros rire vaut mieux qu'une petite larme.* » *Paris, Collège de M. Gervais,* an XI, 1803, in-18, x-168 pages.

Frontispice en couleurs.

Grobiana.

Poème élégiaque latin de Frédéric de Dekind, poète allemand, qui a paru en 1549 en deux volumes, puis en 1552 (trois volumes avec changements et additions). Ce sont des préceptes d'incivilité donnés par plaisanterie aux deux sexes.

Grobian, chez les Allemands, signifie la même chose que chez nous Gros-Jean. (La Monnoye, p. 253 du *Glossaire des Noëls bourguignons*).

Gronoviana.

Wolff dit « qu'on pourrait donner sous ce nom les observations de Jean Frédéric Gronovius sur différents auteurs latins et qui se trouvent en manuscrit dans la bibliothèque Bodleïenne d'Oxford. »

Jean Fréd. Gronovius, né à Hambourg en 1611, professa les belles lettres à Deventer, puis à Leyde, où il mourut en 1672.

Grotiana.

La Monnoye remarque dans le *Menagiana* que Patin avait une copie du « *Grotiana* ». Cet ouvrage est cité aussi dans la préface du *Casauboniana*.

Hugues de Groot (Grotius), célèbre homme d'État et littérateur, naquit à Delft en 1582 et mourut en 1645 à Rostock.

Grundlingiana seu miscellanea jurisprudentiæ, philosophiæ, historiæ, criticæ, litteraturæ, etc. a Grundlingio. *Magdeburgi*, 1715, 9 vol. in-12.

Nicolas Jérôme Grüdling, né aux environs de Nuremberg en 1671, mourut recteur de l'Université de Hall en 1729. Il a laissé plusieurs ouvrages d'érudition.

H

Hahnemanniana, *Berlin*, *Enslin*, 1830, in-8.

Cité par Namur avec la mention « medic. »

Harlayana.

« C'est dommage », écrit le duc de Saint-Simon, « qu'on n'ait pas un *Harlayana* de tous ses dits », en parlant d'Achille de Harlay, premier président du parlement de Paris de 1689 à 1709.

Harpagoniana ou recueil d'aventures, d'anecdotes et de traits plaisants, sérieux et comiques sur les avares, entremêlés de pensées sur l'avarice, tirées des meilleurs auteurs, avec des remarques et des notes par C. d'Aval... *Paris, Pigeoreau*, 1801, IV, 118 pages.

« *Qui non mortalia pectora cogis*
Auri sacra fames (Virg.). »

Frontispice gravé par Canu.

Helvetiana anecdota auctore Santenio. *Traj. ad Rhen*, 1780, in-8.

Cité par Namur.

Henriana ou recueil d'anecdotes les plus intéressantes, traits sublimes, réparties ingénieuses et bons mots d'Henri IV. « *Il fut de ses sujets le vainqueur et le père.* » (*Henriade, Chap. I*). *Paris*, *Roux*, an IX, 1801, in-18, 151 pages.

Orné d'un joli portrait non signé.

Hermesiana auct. Weston. *Londini*, 1784, in-8°.

Cité dans l'*Anagrapheana* d'Hécart.

Hierocliana.

Dans l'avis qui précède la quatrième partie du *Poggiana*, Lenfant remarque que les recueils de bons mots sont fort anciens, il cite entre autres ceux d'Hiéroclès.

Dans les « *Remarques sur le Poggiana* » attribuées à la Monnoye, celui-ci dit que Lenfant aurait tort de donner le nom d'*Hierocliana* au Sottisier d'Hiéroclès. (P. Adry.)

Huetiana ou pensées diverses de M. Huet, évesque (*sic*) d'Avranches. *Paris, Jacques Estienne*, 1722, in-12, XXIV-436 pages,

Publié par J. Thoulier d'Olivet.
Un des *Ana* les moins communs.

Huetiana, nouvelle édition augmentée de la description en vers latins de son voyage en Suède. *Amsterdam, H. Uttwerf*, 1723, in-12.

P. Daniel Huet, savant prélat, né en 1620 à Caen, écrivit plusieurs ouvrages de théologie et de philosophie. Il mourut à Paris en 1721.

Hugginiana or Huggins Fantasy; a collection of the most esteemed modern literary productions exposing the art of making a noise in the World, without beating a drum or crying oyster, etc., by John Richard Desborus Huggins. *New-York. H. C. Southwick*, s. d., in-12, VIII, 9, 228 pages.

I

Ignatiana.

Michault rapporte une lettre du père Oudin, jésuite dans laquelle on lit : « J'ai vu un manuscrit latin d'un jésuite français, qui avait vécu avec saint Ignace. » En citant ce recueil qui se trouvait à la bibliothèque des jésuites de Dijon, le père Oudin lui donnait le nom d'*Ignatiana*. (P. Adry.)

Inigo de Loyola, fondateur de l'ordre des jésuites, naquit à Loyola en Biscaye, en 1491 et mourut à Rome en 1556.

Imbecilliana ou les loisirs d'un chauffeur à l'usage des oisifs, par M. F. Simon, inspecteur général des chauffages de l'armée des côtes de l'Océan. *Valenciennes*, an XII de la République et premier de l'Empire, in-18.

Par Robbé de Beauveset, de Vendôme, (1712-1792.)

Très rare. Tiré à vingt-cinq exemplaires, imprimé en Belgique. Six pages concernent la vaccine.

Cet *Ana*, d'abord imprimé sous le titre de *Simoniana*, changea d'appellation sur le désir de Fr. Simon, médecin de Valencieunes.

Infernaliana ou anecdotes, petits romans, nouvelles et contes sur les revenants, les spectres, les démons et les vampires. Publié par *Ch. N...*, *Paris*, 1822, in-8°, VI-9, 239 pages.

Figure à l'aqua-tinte.

Cet ouvrage de Charles Nodier est de la plus grande rareté.

Irvingiana, a Memorial of Washington Irving. Portrait. Fac-simile. *New-York*, *Charles B. Richardson*, 1860, in-4°, 64 pages.

Isidoriana.

Se trouve dans *Isidori Hispanensis op. omn. ed. Faustinus Arevalus qui Isidoriana promisit.* Romæ, 1797, 7 vol., in-4°. (P. Adry.)

Ivrogniana ou bons mots et aventures d'ivrognes; recueil de cabaret. Suite de Grivoisiana, Merdiana, etc., etc , avec la relation des bals, des bois et les Fêtes roulantes (du comte de Caylus). *Paris*, 1804, in-18.

Figure coloriée.

J

Jamesiana.

Wolff dit qu'il aurait pu donner sous ce titre, des extraits qu'il a tirés, dans la bibliothèque Bodleïenne d'Oxford, des manuscrits de Thomas James, bibliothécaire de Thomas Bodley et qui publia, en 1620, le catalogue de la riche bibliothèque qui était confiée à ses soins.

Thomas James (Jamesius), né à Newport (Angleterre), en 1571, mourut en 1629. Il est l'auteur du « *Bellum papale*. » (P. Adry).

Jametiana.

Volume formé d'articles de Jamet lui-même, découpés dans quelques journaux et auquel il avait ajouté des notes manuscrites. Le P. Adry nous dit que l'abbé de Saint-Léger en avait vu un exemplaire entre les mains de M. Anisson, directeur de l'imprimerie Royale.

Jamet (François-Louis), né à Louvières, dans le diocèse de Seez en 1710, mort à Paris en 1778, philologue et bibliophile, est l'auteur des « *Stromates* », dont Nodier parle dans ses *Mélanges*. « Malgré « son athéisme et son libertinage, dit-il, on ne peut refuser à Jamet « une vaste et curieuse érudition. »

Janosciana id est Poloniæ autorum memoria. *Varsoviæ*. 1776, in-8°.

Cet ouvrage est du docteur Janoski, bibliothécaire de la Bibliothèque Polonaise de Varsovie. Il est cité dans l'*Esprit des journaux avant* 1779. (p. 186).

Jeanfariniana.

Cité sans autre renseignement par Namur.

Jocrissiana ou les bons mots de Jocrisse. « *Beatus vir « qui timet Dominum et siphyllim.* » *Paris, chez Roux*, an IX, in-18, 138 pages.

Portrait en couleurs d'un muscadin.

Roman curieux et rare, par Hector Chaussier, ayant pour but d'éclairer les jeunes gens inexpérimentés sur les dangers et les plaisirs de la capitale.

Jocrissiana ou recueil de naïvetés formant les aventures de Jocrisse. *A Simplicie chez Poulet le Cadet*, 1809, in-32, 128 pages.

Figure coloriée, différente de celle de l'ouvrage précité, plus un calendrier pour 1810.

Johnsoniana or a collection of Bons mots, etc., by Dr Johnson and others; with the choice sentences of Publius Syrus. *Dublin*, 1776, in-12, 155 pages.

Johnsoniana. The Life of Samuel Johnson, L.L.D. with occasional remarks on his writings, an authentic copy of his will, a catalogue of his works and a facsimile of his handwriting. The second edition with considerable addition and corrections to wich is added Johnsoniana or a selection of Dr Johnson's bons mots, observations, etc., most of wich were never before published. *London*, printed for *G. Kearsley*, 1785, in-12, 209 pages.

Johnsoniana. *London*, *John Sharpe*, 1820, 2 vol. in-24.

Johnsoniana, a collection of miscellaneous sayings and anecdotes of Dr Samuel Johnson, gathered from nearly a hundred publications. Printed separately from Croker's edition of Boswell's life of Johnson. *London*, *Henry G. Bohn*, 1845.

Samuel Johnson, littérateur anglais, né à Luthfield (Staffordshire) en 1709, mourut en 1784.

Joineriana or the book of Scraps, printed for *Joseph Johnson*, 1772, 2 vol. in-12.

Jolyana ou choix de bons mots, réparties ingénieuses, plaisanteries, calembourgs, naïvetés et couplets de Joly, acteur du théâtre du Vaudeville, pour faire suite à Brunetiana, Jocrissiana, Potieriana, etc. « *Marchés, Marchés!* (*Gaspard l'avisé*) ». Par P. L. de Lyon, *Paris*, *le Dentu*, 1816, in-18, 208 pages.

Frontispice représentant Joly dans « *Lantara ou le peintre au cabaret* », 1809.

Joly, acteur et auteur dramatique, naquit au Raincy près Paris en 1772, et mourut à Grandpré dans la Nièvre en 1839.

Joncourtiana.

Jean d'Outrain, professeur à Dordrecht, donna sous ce nom, en 1768, des détails sur la vie, l'esprit, les travaux et les maximes de Pierre de Joncourt, ministre de l'église française à la Haye. (P. Adry.)

Jurisprudentiana ou recueil de faits singuliers et d'anecdotes concernant la jurisprudence et les jurisconsultes. *Lille*, *Blocquel*, (1812), in-32, 128 pages.

Couverture illustrée, frontispice en couleurs. Calendrier pour 1812.

Jurisprudentiana. Trésor des anecdotes de jurisprudence ou recueil de faits singuliers relatifs à cette science ou à ceux qui l'ont cultivée ; ouvrage posthume de M. Bresou, ancien avocat, par Ana-Gramme Blismon (Simon Blocquel). *Paris*, *Delarue*, s d., in-32.

K

Kaleidoscopiana Wiltonensia, *London*, 1818, in-8°.

Cité par Namur.

Kircheriana Quirin. *Kuhlmanni*, *London*, 1681, in-8°.

Cité par Namur.

Kotzebuana oder Anecdoten und Characterzüge aus A. von Kotzebue's leben nebst den lustigen Schwänken etc., über und aus seinem leben. *Vollmer*, s. a., 1809, in-8°.

Kotzebuana — ibid., 1813, in-18.

Aug. Fréd. Ferdinand de Kotzebue, écrivain allemand, né à Weimar en 1761, mourut poignardé par un étudiant à Mannheim en 1819.

Kralingiana.

Cité dans le *Datheniana* sans autre explication.

Kreisleriana, L. Th. Hoffmann's Fantasiestücke in Callot's Manier. Bamberg, 1815, in-8°.

Cité par Namur.

Kuhlmanniana heptaglotta (quirini Kühlmanni). *London and Oxford*, 1683, in-8°.

Cité par Namur.

L

La Croziana.

« M. de la Croze, est-il dit dans le *Nouveau Dictionnaire historique* de D. Chaudon, possédait une foule d'anecdotes curieuses, de contes, de bons mots ; si l'on avait pris la peine de les recueillir, le *La Croziana* surpasserait le *Menagiana*. (P. Adry.)

Mathurin Veyzière de la Creze naquit à Nantes en 1661, se fit bénédictin et mourut bibliothécaire du roi de Prusse à Berlin en 1739.

La Goualana ou collection incomplette (*sic*) des œuvres prototypes d'un habitant de la ville de Cena (Caen), département du Salvocad (Calvados), par une société d'oisifs. Première et dernière édition. *Caen. De l'imprimerie de Carnaval aîné.* « *Sibi peperit ipse existimationem* », VII et 22 pages.

Très rare. Attribué à Duprays, avocat de Caen. Recueil imprimé par les soins d'Hécart, bibliophile valenciennois, et tiré à 26 exemplaires.

La Goualle, à qui on prête ces balourdises, était maître d'hôtel à Caen et faisait l'amusement des désœuvrés de cette ville.

Langbekiana ved R. Nyerup, 1794, in-8°.

Cité par Namur.

Lantiniana ou recueil de plusieurs choses dites par M. Jean Baptiste Lantin, conseiller au Parlement de Dijon et remarquées par M. Pierre Le Gouz, conseiller au même parlement. In-12, 115 pages.

Manuscrit.

Jean Baptiste Lantin, conseiller au Parlement de Bourgogne, né en 1620, mort en 1695, était en correspondance avec de Valois, Bouillaud, Roberval, Mariotte, Pellisson, Ménage, Mlle de Scudéry, Huet, etc., etc.

Launoiana seu collectio eorum omnium quæ ad Launoïum ipsiusque scripta pertinent, pars prima, commentarium de Launoii vita complectens.

Se trouve p. 327 de la seconde partie du t. IV des *Œuvres de Jean de Launoy* publiées par l'abbé Granet, chez Fabri et Daullot. Genève, 1732, 10 vol. in-f°.

Jean de Launoy, né en 1603 à Valognes, mort à Paris en 1678, était aussi connu par sa profonde érudition que par la singularité de ses opinions. Il eut des démêlés avec Bossuet à propos de théologie. (P. Adry.)

Lecamusiana.

Cité comme manuscrit dans l'*Anagrapheana*.

Cet ouvrage avait probablement trait à Antoine Lecamus, écrivain né à Paris en 1722, mort en 1772, auteur de *l'Abdeker*, si recherché aujourd'hui par les bibliophiles.

Leibnitziana.

On a quelquefois cité sous ce titre l'*Otium Hannoverianum* de *Joach. Frederico Fellero. Lipsiæ*, 1713, in-8.

Ce sont des mélanges de littérature extraits des ouvrages de Leibnitz, par Feller, son intime ami.

Guillaume Godefroy, baron de Leibnitz, né à Leipsick en 1646, mourut à Hanovre en 1716. Personne n'a possédé plus que lui l'universalité des connaissances.

Lengletiana.

On lit dans le « *Nouveau dictionnaire historique* » à l'article Lenglet : « Michault. avocat de Dijon, a publié en 1861 des Mémoires curieux « pour servir à l'histoire de la vie et des ouvrages de l'abbe Lenglet ; « ce savant préparait un *Lengletiana* ». Nous ignorons s'il eut le temps de composer cet ouvrage. (P. Adry.)

Nicolas Lenglet du Fresnoy, né à Beauvais en 1674, mourut le 16 janvier 1755.

Levana oder Erziehungslehre von Jean-Paul (id est J.-P. Richter). *Braunschweig*, 1807, 3 vol. in-8.

Cité par Namur.

Linguetiana ou recueil des principes, maximes, pensées diverses, paradoxes et aventures de Linguet, suivi de l'éloge de « L'art de coëffeur de femmes » par le même auteur. « *Il brûle, mais il éclaire.* » (*Voltaire*). par Cousin d'Avalon. *Paris, Vatar Jouannest,* an IX, 1801, in-18, VIII-149 pages.

Portrait par Mariage.

Linguet, avocat et publiciste, né à Reims en 1736, fut condamné à mort et exécuté en 1794.

Lithographiana. *Paris. Aubert*, s. d. (vers 1835) in-8, 24 p.

Recueil de caricatures amusantes, *d'Ana*, de réparties, bons mots, plaisanteries et anecdotes. Titre et vingt-quatre feuillets avec autant de lithographies coloriées d'après Grandville, Pigal, Philippon, etc.

Loiseliana ou adages, axiomes de droit, proverbes et sentences extraites des Institutes coutumières de Loisel, jurisconsulte du 17e siècle, 1827, 9 pages.

Manuscrit autographe d'Hécart.

Londiniana by Edward Wedlake Brayley. *London, Hurst, Chance and Co*, 1829, 4 vol. in-16.

Londoniana by Edward Walford. *London Hurst and Blackett,* 1879, 2 vol. in-12, VIII-312 et IV-314 pages.

Londresiana (John Bull ou), recueil d'originalités et de singularités anglaises, par C. D. *Paris, Tiger,* s. d., in-18.

Curieux frontispice représentant le bol de punch de l'amiral Russel.

Longueruana ou recueil de pensées, de discours et de conversations de feu M. Louis du Four de Longuerue, abbé de Septfontaines et de Saint-Jean du Jard. *Berlin*, 1754, 2 vol. in-12, le 1er XXIV-216 p., le 2e 277.

Il y a deux éditions de 1754. L'originale est en deux parties et le millésime est en chiffres arabes. L'autre n'a qu'un volume et le millésime est en chiffres romains.

Longueruana ou recueil de pensées et de discours de M. l'abbé de Longuerue. Nouvelle édition. *Paris, Bastien,* 1733, 2 vol. in-12.

Cet *Ana* est l'œuvre de l'abbé Guijon.
Louis Dufour, abbé de Longuerue, né en 1652, mort en 1733, fut un des hommes les plus érudits de son temps.

Louthiana by Th. Wright. *London*, 1758, figures.

Cité par Namur.

Ludoviciana ou recueil d'anecdotes, traits historiques et réponses de Louis XVI, par L. C... fils. *Paris, Pillot,* 1801, in-18, XIV-124 p.

Portrait de Louis XVI.

Ludoviciana.

Même ouvrage que le précédent, mais le portrait du roi est remplacé par le tombeau aux silhouettes, curieuse figure autrefois jugée séditieuse.

« Louis ne sut qu'aimer, pardonner et mourir.
« Il aurait su régner s'il avait su punir. »

Ludoviciana. *Paris et Lille, Castiaux,* 1811, in-32, 127 pages.

Portrait dans un médaillon. Cet *Ana* est puisé dans les précédents et comprend en plus le testament du roi.

Lutherana.

On a souvent cité sous ce titre les Tischreden, id est sermones conviviales ou propos de table de Luther, publiés sous le nom de *Colloquia mensalia Lutheri edita a Joan. Aurifabro,* 1566, in-f°. Islebii et souvent réédités depuis.

Martin Luther, né à Eisleben, en Thuringe, en 1483, fondateur de la réforme en Allemagne, mourut en 1546.

Luxdorfiana, ved R. Nyerup Kiöbenhav. In-8, e Platone grœce cum annot. Olai Wormii. Pars I, *Hauniæ,* 1790, in-4.

Cité par Namur.

Luxdorfiana e Platone cum annotationibus edidit Olaius Wormius, Mag. et Rect. Schol. Hohemes. Editio nova. *Hauniæ,* 1801, *apud J. A. Schulitha,* in-4°, 78 pages.

Il y a longtemps qu'on a cru s'apercevoir que plusieurs passages de Platon laissent supposer que ce philosophe avait quelque connaissance des Livres Saints. La lecture de cet *Ana* pourra servir à l'examen de cette question. (P. Adry.)

Lyonnaisiana ou recueil de balivernes, rencontres, anecdotes, réflexions, etc., ayant trait à la ville de Lyon et extrait des papiers de feu Pétrus Violette. *Lyon, Vingtrinier,* 1870, in-8°, 58 pages.

Lyonnaisiana ou recueil de bons mots, de saillies de Lyonnais et de traits anecdotiques et historiques sur Lyon, mis en note et publiés avec un avant-propos par Gustave Véricel. « *Que les anciens ne sont-ils venus après moi, j'aurais dit la chose avant eux.* » *Lyon*, *Scheuring*, 1877, in-16, xv-148 pages.

Imprimé sur papier vergé teinté.

M

Macaroneana ou mélanges de littérature macaronique des différents peuples de l'Europe, par Octave Delepierre. *Brighton, Gancia,* 1852, in-8, VI-386 pages.

Ouvrage tiré à petit nombre et devenu rare.

Macaroneâna andra overum. Nouveaux mélanges de littérature macaronique, par Octave Delepierre. *Londres, Trübner,* 1862, in-8, 179 pages.

Intéressante étude bibliographique tirée à 250 exemplaires seulement et consacrée à Fossa et ses poèmes, Barthélémy Rolla, Guarino, Capella, etc.

Maimoniana oder Rhapsodien zur Karakteristik Salomon Maimon's, aus seinem privatleben gesammelt, von S. Wolff. *Berlin, Hayn*, 1813, in-8.

Cité par Namur.

Maintenoniana ou choix d'anecdotes intéressantes, de portraits, de pensées ingénieuses, de bons mots, de maximes morales, politiques, etc., tirés des lettres de Mme de Maintenon, avec des notes historiques, cirtiques, etc., pour l'intelligence du texte, par M. B.... de B... « *Ramos compesce fluentes* » (*Virg.*), *Amsterdam*, s. l., 1773, 2 t., in-8°, l'un de VIII-192, l'autre de 82 p.

Ouvrage de Bosselman de Bellémont, de Lille, attribué mal à propos à Belin de Ballu.

Françoise d'Aubigné, marquise de Maintenon, née en 1635 à Niort, épousa le poète Scarron. Devenue veuve, le roi Louis XIV s'unit à elle par un mariage secret. Elle mourut en 1719.

Mainwaringiana. Voyez Burdettiana.

Malesherbiana ou recueil d'anecdotes et pensées de Chrétien Guillaume de Lamoignon Malesherbes. *« Chaque siècle ne produit peut-être que cinq à six hommes sages »*, par Cousin d'Avalon. *Paris, Pillot*, 1802, in-18, 143 pages.

Portrait.

Guill. de Lamoignon de Malesherbes, né à Paris en 1721, magistra et homme d'État, eut l'honneur de défendre Louis XVI devant la Convention. Il fut lui-même envoyé à l'échafaud en 1794.

Malherbiana ou recueil d'anecdotes, bons mots, plaisanteries, originalités, épigrammes de Malherbe, précédé de sa vie, avec un choix de ses poésies, par Cousin d'Avalon : *« Malherbe d'un héros peut vanter les exploits. »* (*Boileau.*) *Paris*, *Delaunay*, 1811, in-18, 176 pages.

Portrait.

François de Malherbe, poète et réformateur de la poésie au dix-septième siècle, naquit à Caen en 1555 et mourut à Paris en 1628.

Maliciana ou le plus épais n'est pas mince, recueil de bons mots, épigrammes, jeux de mots par le dernier venu. *« Rions aussi. »* *Paris*, *Le Maire*, 1809, in-18. x-11, 114 pages.

Assez rare.

Mamachiana per chi vuol divertirse. *Gelopoli* (*Lucca*), 1770, in-8° de 112 pages.

Très rare.

C'est une satire contre le père Tommaso Maria Mamachi, d'origine grecque et célèbre dominicain, né à Scio en 1713. Il mourut en juin 1792, dans sa villégiature de Corneto, près de Montefiascone.

L'auteur de cet ouvrage est le marquis Salvatore Spiriti (des marquis de Casabona), mort en 1776.

Manloveriana pour servir de supplément à l'Europe ridicule par rapport à la guerre présente. De l'imprimerie du futur congrès, 1762, in-8, 88 pages.

C'est une diatribe du docteur Manlover, d'Oxford, contre l'Angleterre.

Manuscriptiana, par Ant. Delandine, in-8°.

Cité par Namur.

Maranzakiniana de l'imprimerie *du Vourst*, l'an 1730 et se vend chez *Coroco,* vis à vis les Cordeliers, in-24, 55 pages.

Un des *Ana* les plus rares.

Maranzac, gentilhomme périgourdin, mort octogénaire vers 1735, était un officier des chasses et une sorte de fou, fort stupide, du Dauphin, fils de Louis XIV. Après sa mort,la duchesse de Conti et l'abbé de Grécourt recueillirent ses pensées naïves et ses balourdises et les publièrent en cet ouvrage.

Beaucousin, le P. Adry et Peignot l'avaient déjà catalogué, mais ce fut Ch. Nodier qui attira le premier l'attention des curieux sur ce livre introuvable.

Bien que, de parti pris, nous ne parlions jamais de la valeur marchande des *Ana*, nous ferons une exception pour celui-ci, vu sa rareté. Jamet le jeune nous apprend qu'en 1768 il valait deux louis. A la vente de Nodier, en 1824, il fut adjugé à 114 francs; à la vente Brunet, en 1868, à 175 francs; à la vente Taschereau, à 270 francs.

Maranzakiniana. Nouvelle édition conforme à l'original, précédée d'une notice par Philomneste Junior. *Paris, Jouaust,* 1875, in-16, 90 pages.

Publié par Pierre-Gustave Brunet, éminent bibliographe, né à Bordeaux en 1807, mort à Paris en 1896, qu'il ne faut pas confondre avec son homonyme, Jacques Brunet, auteur du célèbre *Manuel du libraire et de l'amateur de livres*.

La préface de ce *Maranzakiniana* renferme une notice des plus intéressantes sur les *Ana*.

Marcelliana accedit Eunomii εχθεσισ πιστωσ emendatur ed. et animad. instr. Ch. H. G. Retteberg, *Göttingæ*, 1794, in-8°.

Cité par Namur.

Margraviana. *Lugd. Batav.*, 1696, in-4°.

Cité par Namur avec l'épithète « chimic ».

Martiniana id est litteræ tituli cartæ privilegia et documenta tam fundationis, dotationis et confirmationis per Henricum I, Philippum I, Ludovicum VI, VII, XII et Franciscum I Christianissimum, Francorum reges quam statuta reformationis monasterii seu prioratus conventualis sancti Martini a Campis, Parisiis ordinismti Cluniasencis. *Paris, Nicolas du Fossé,* 1606, in-8°, 2 volumes.

Ce livre n'est pas à proprement parler un *Ana*, mais il figure à ce titre dans plusieurs collections célèbres. C'est un recueil de documents rassemblés par les moines de Saint-Martin des Champs et mis en ordre par dom Martin Maurrier, érudit bénédictin (1572-1644.)

Matanasiana. Mémoires littéraires, S. D. L. R. G. à *La Haye, Charles Le Vier*, 1716.

Matanasiana, deuxième édition. *La Haye, Veuve Ch. Le Vier*, 1740, 2 vol. in-12, l'un de 258, l'autre de 479 pages.

Beaucousin signale deux autres éditions : La Haye, Husson, 1616; *ibid.*, 1732.

Par Thémiseul de Saint-Hyacinthe, auteur du *Chef-d'œuvre d'un inconnu* — né à Orléans en 1684, mort à Bréda en 1746. — Il s'appelait de son vrai nom Hyacinthe Cordonnier et était fils de Jean-Jacques, sieur du Bel Air, qui se faisait passer pour le fils de Bossuet et de Mlle Desvieux.

Maupeouana ou correspondance secrette (*sic*) et familière du chancelier Maupeou avec son cœur Sorhouet, membre inamovible de la Cour des pairs de France. Nouvelle édition sur le manuscrit original. Prix neuf livres. *Imprimé à la Chancellerie*, 1773, in-12, 318 pages.

Frontispice se dépliant, représentant « *Le malheureux assassinat du mardi 13 octobre 1761, pratiqué par les sieurs et dames de Maupeou et leurs gens* ».

Ce frontispice est copié sur la gravure originale qui se trouve en tête du mémoire présenté au Conseil du roi par la marquise de Senectère.

Maupeouana. 1775, 2 vol. in-12.

Même ouvrage.

Maupeouana ou recueil complet des écrits patriotiques publiés pendant le règne du chancelier Maupeou pour démontrer l'absurdité du despotisme qu'il voulait établir et pour maintenir dans toute sa splendeur la monarchie française. Ouvrage qui peut servir à l'histoire du siècle de Louis XV pendant les années 1770-1-2-3 et 4. *Paris*, 1775, 6 vol. in-8°. 1° XVI-16, 223; 2° 204; 3° 247; 4° 256; 5° 252; 6° 351 pages.

Figures hors texte.

Recueil de vingt-sept ouvrages ou pamphlets les plus curieux qui furent publiés contre le chancelier Maupeou (René Nicolas), né à Paris en 1714, mort exilé dans ses terres en 1792.

Maupertuisiana. *Hambourg*, 1753, 2 vol. in-8°.

Vignette représentant don Quichotte.

C'est une réunion de 17 pièces à pagination particulière racontant les démêlés du professeur König, président de l'Académie de Berlin, avec Pierre-Louis Moreau de Maupertuis, mathématicien (né à Saint-Malo en 1698, mort à Bâle en 1759.)

Médeciniana ou recueil d'anecdotes medeci-chirurgico-pharmacopoles à Épidaure, au Temple d'Esculape, l'an d'Hippocrate, 1812. *Lille*, in-18, 127 p.

Frontispice en couleurs.

Medeciniana. *Avignon*, 1819, in-32.

Meisteriana. Journal de Paris, 1811.

Catalogué dans l'*Anagrapheana*.

Melanchtoniana.

Loescherus, dans ses « *Arcana literaria* », avait promis un *Melanchtoniana*. Il l'eût sans doute tiré des « *Locorum communium collectanea a Jos. Manlio per multos annos, tum ex lectionibus D. Philippi Melancthonis, tum ex aliorum doctissimorum virorum relationibus excerpta et nuper in ordinem ab eodem redacta jamque postremum recognita.* » Jos. Manlius Basileæ, 1562, in-8°. (P. Adry.)

Wolff, dans la préface du *Casauboniana*, catalogue cet ouvrage parmi les *Ana* qu'il décrit.

Philippe Melanchton (en allemand Schwarzerd, c'est-à-dire terre noire), savant théologien et un des chefs de la Réforme, naquit à Bretten, dans le Bas Palatinat en 1497, et mourut à Wittemberg en 1560.

Melangiana.

Il en est fait mention à la p. 63 de l'ouvrage intitulé « *Les malades de belle humeur* » par l'abbé Bordelon (né à Bourges en 1653, mort à Paris en 1730). On dit que *le Melangiana* avait été imprimé en Hollande.

Beaucousin croit que cet *Ana* n'existe pas.

Melissiana.

Dans l'avis qui précède la quatrième partie du *Poggiana*, Lenfant remarque que les recueils de bons mots sont fort anciens ; il parle entre autres d'un recueil semblable par Melissus, esclave de Mécène. Dans les « *Remarques sur le Poggiana* ». (Paris, 1722), attribuées à La Monnoye, celui-ci dit que M. Lenfant aurait tort de donner le nom de *Melissiana* au sottisier de Melisius, auteur de 150 livres d'Ineptiarum. (P. Adry.)

Menagiana. Première édition. A *Paris, chez Florentin et Pierre Delaulne*, 1693, in-12, de 504 pages.

Au faux titre : « *Menagiana sive excerpta ex ore Aegidii Menagii.* » Publié par Ant. Galland et l'abbé Dubos.

Menagiana ou les bons mots, les pensées critiques, historiques, morales et d'érudition de M. Ménage, recueillies par ses amis. Seconde édition augmentée, à *Paris, chez Florentin et Pierre Delaulne*, 1694, 2 vol. in-12, le 1er 396, le second 440 pages.

Quelques exemplaires portent la date de 1695.
Publié par l'abbé Faydit, né à Riom en 1640, mort en 1709.
Le *Menagiana* fut imprimé en Hollande en 1693, la même année qu'il parut à Paris,

Menagiana (Suite du), ou les bons mots, rencontres agréables, pensées judicieuses et observations curieuses de M. Ménage, de l'Académie française. Seconde édition augmentée. *Paris, chez Pierre Delaulne*, 1695, petit in-12 de 449 pages.

Portrait de Ménage.

Menagiana, ou les bons mots et remarques critiques, historiques, morales et d'érudition de M. Ménage, recueillis par ses amis. Troisième édition, à *Paris*, chez *Florentin Delaulne*, 1715, 4 vol. in-12.

Cette édition, la plus estimée, a été donnée par La Monnoye.

Menagiana, 1729, *Paris, Ve Delaulne*, 4 vol. in-12.

Ensemble des *Menagiana* de Galland, Goulley, Faydit et La Monnoye.

Menagiana, 1762. *Amsterdam*, 4 vol. in-12.

Frontispice à chaque volume.

Menagiana, *Paris*, 1789, 3 vol. in-8°.

Gilles Ménage, érudit et bel esprit, né à Angers en 1613, mort à Paris en 1692, fut un des familiers de l'hôtel de Rambouillet où il se lia avec Balzac, Benserade, Pellisson, Scudéry, Mazarin, Mme de Sévigné, etc.

Mendelssohniana.

Voyez *Davidiana*, qui a paru en même temps et dans le même recueil.

Merceriana ou notes inédites de Mercier de Saint-Léger, publiées par Maurice Tourneux. *Paris, Techener*, 1893, in-8, VIII-100 pages.

L'abbé Barthélemy Mercier de Saint-Léger, bibliographe, né à Lyon en 1734, mort en 1779, a collaboré aux *Mémoires de Trévoux*, à *l'Année littéraire* et au *Journal des Savants*.

Mercieriana ou recueil d'anecdotes sur Mercier, ses paradoxes, ses bizarreries, ses sarcasmes, ses plaisanteries, par Cousin d'Avalon. *Paris, Krabbe*, 1834, in-18, XXX-142 pages.

L. Sébastien Mercier, écrivain, né à Paris en 1740, mort en 1814, fut député à la Convention, puis au Conseil des Cinq Cents. On l'avait surnommé « le singe de Jean-Jacques ». Il est l'auteur du « *Tableau de Paris*. »

Merdiana ou manuel des chieurs, suite de l'almanach des gourmands. Recueil propre à certain usage. Deuxième édition. *Paris*, an XI, 1803, in-18.

Figure coloriée.

Par Martainville. On y trouve une curieuse ode sur le pet en sept strophes.

Merdiana. Cinquième édition, A Merdianopolis, au bureau des vidangeurs. *Lille*, 1816, in-32, 126 pages.

Figure coloriée.

Merdiana. Nouvelle édition augmentée de la Foiropédie et de la Chiropédie, poèmes odoriférants. *Lille*, 1832, de 128 pages.

Figure coloriée. Calendrier pour l'année 1832.

Merdiana (le nouveau) ou manuel des facétieux et bons chieurs, recueil de poésies et d'anecdotes propres à certain usage journalier. A Merdianopolis, chez la mère des vidangeurs, rue de la Torchette. *Lille, Castiaux*, s. d., in-18 IV-100 pages.

Grande figure scatologique en couleurs se dépliant.

Merdiana gras et maigre on Merdia-pissa-foiriana. Véritable guide, code manuel. A *Etronopolis*, s. d. in-12.

Figure coloriée.

Merdiana ou manuel scatologique, par une société de gens sans gêne. A *Paris* et *En tous lieux*, 1870, in-8, 160 pages.

Couverture illustrée. Frontispice à la sanguine et nombreuses figures dans le texte.

Merdiapissa foiriana. Véritable guide code manuel de l'art de chier, pisser et foirer proprement, avec l'indication des lieux consacrés à cet usage et une réclamation des Dames de Paris concernant les chieurs et pisseurs dans les rues, suivi d'une ordonnance du Directeur de la grande voirie à cet égard. Terminé par des merdifiques passeports, billets de garde, de théâtre, ouvrage presque entièrement neuf et assaisonné de poivre, épices et moutarde pour tout le monde, publié par la Société des Vidangeurs et revu par un membre de la Légion des Tinettes. *Paris, Terry*, s. d. in-18, 106 pages.

Michaultiana, *Paris*, 1754, 2 vol. in-12.

Cité par Namur.

Molierana ou recueil d'aventures, anecdotes, bons mots et traits plaisants de Poquelin de Molière, par Cousin d'Avalon. *Paris, Marchand*, an IX, 1801, in-18, 142 pages.

Portrait par Mariage.

Molière, le plus grand des poètes comiques, naquit à Paris en 1622 et y mourut en 1673.

Molieriana, épigrammes, épitaphes et autres pièces de vers sur Molière. In-4°, 44 pages.

Manuscrit composé vers 1830 par Leleu, répétiteur à Valenciennes.

Molierana et Fontainiana. Bons mots, pensées ingénieuses, saillies spirituelles, anecdotes intéressantes etc., etc., de Molière et Lafontaine, par Anagramme Blismon. *Paris*, *Delarue*, s. d. in-32, 64 p.

Monetiana ou Monnoyana.

Selon Michault, on devrait donner le nom de *Monetiana* aux additions de M. de La Monnoye au *Menagiana*. M. de Sallengre dit que plusieurs qualités rendaient M. de La Monnoye plus que capable d'entreprendre de son chef une espèce de *Monnoyana*. Struvius en parlant du *Menagiana* dit que c'est plutôt un *Monnoyana* (P. Adry).

Bernard de La Monnoye, érudit et littérateur, naquit à Dijon en 1641 et mourut en 1728.

Monsaniana. *Leipzig. L. Michelsen,* 1837, in-8.

Cité par Namur, avec l'épithète « *Medic* ».

Montaniana.

On lit dans le *Huetiana* « Les Essays de Montaigne sont de veritables *Montaniana*. »

Michel de Montaigne, philosophe et moraliste, auteur des fameux « *Essais* », naquit en 1533 et mourut en 1592.

Montepoliteana.

Dans le *Poggiana* il est parlé sous ce nom des « *Mélanges de littérature* » de Barthélemy de Montepulciano, ami du Pogge et l'ajutante de ses études (P. Adry).

Montesquiana.

L'histoire littéraire de Guyenne annoncée par le citoyen Bernadau renfermera les *Montaniana* et les *Montesquiana* (P. Adry).

Mooriana or select extracts from the moral, philosophical and miscellaneous works of the late doctor John Moore, by Rev. F. Prevost and F. Blagden. *London, Crosby and C°*, 1803, in-12, 2 vol., 306 et 300 pages.

C'est un résumé des ouvrages de John Moore, célèbre médecin et littérateur écossais, né en 1729, mort en 1812. On y trouve les portraits caractéristiques des principaux personnages qui ont joué un rôle dans la Révolution française.

Moyeriana, *Rotterdam*, 1699, in-8.

Analysé par Wolff dans sa préface du *Casauboniana*. C'est un recueil écrit en flamand dont le titre semble inspiré par le nom de l'imprimeur, Pierre Mooy. Il se compose d'un petit nombre de pages.

Selon le P. Adry, qui avait eu le *Moyeriana* entre les mains, il ne s'y trouve, en dehors de quelques passages spirituels et piquants, rien qui semble digne d'être lu.

Mulieriana et Fœmineana. Trésor des anecdotes, des bons mots, des opinions les plus remarquables sur les femmes, par Anagramme Blismon. *Paris, Delarue*, s. d., in-8.

La première partie est presque totalement consacrée à l'éloge des femmes. Les articles de la seconde sont généralement plus critiques que bienveillants. (Note de l'auteur.)

Müllneriana. *Leipzig*, 1820, 2 Hefte in-8.

Cité par Namur.

Musardiana ou anecdotes des gobe-mouches dédiées à ces messieurs, par un habitant du Mont-Argus à *Baguenaudopolis* et à *Lons-le-Saulnier*, *Gauthier*, in-18. 104 p.

Frontispice représentant un aéronaute tombé d'un ballon et s'empalant sur le clocher d'une église.

Musiciana ou album d'un musicien contenant anecdotes, contes en vers et en prose, chansons, logogriphes, énigmes, charades, épigrammes, calembourgs et jeux de mots, la plupart relatifs à la musique et aux musiciens, *Paris, Carnaud*, 1832, in-8.

Terminé par une importante liste des artistes de ce temps avec leurs adresses.

Musiciana, extraits d'ouvrages rares ou bizarres, anecdotes, lettres, etc., concernant la musique et les musiciens, avec figures et airs notés, par J.-B. Weckerlin. *Paris*, *Garnier frères*, 1877, in-12. 350 pages.

Musiciana (nouveau). Extraits d'ouvrages rares ou bizarres, anecdotes, lettres, etc., concernant la musique et les musiciens, avec illustrations et airs notés. *Paris, Garnier frères*, 1890, in-12, 423 pages.

Musiciana (dernier). Historiettes, lettres, etc., sur la musique, les musiciens et les instruments de musique, rythmique des anciens airs de danse. Illustrations et airs notés par J. B. Weckerlin. *Paris, Garnier*, 1899, in-12, 333 pages.

N

Nainjauniana ou choix d'anecdotes, de traits, d'épigrammes, tirés du Nain Jaune publié à Paris et du Nain jaune réfugié à Bruxelles, terminé par le chansonnier du Nain Jaune : « *Le petit bonhomme vit encore.* » *Bruxelles*, *Wahlen*, 1817, in-12, 191 pages.

Rare et curieux. Rempli d'injures à l'adresse de la famille royale.

Napoléoniana ou recueil d'anecdotes, saillies, bons mots, réparties, etc., pour servir à l'histoire de la vie de Buonaparte, par Charles Malo. « *Sic transit gloria, etc.* ». *Paris*, *Moronval*, 1814, in-18, 172 p.

Joli portrait de Napoléon, gravé en taille douce. Sous le portrait on lit :

Modèle d'Attila, des plus affreux tyrans,
Je voulus envahir l'un et l'autre hémisphère.
Eh! que me reste-t-il?... un petit coin de terre.
Avis aux conquérants.

Naudœana et Patiniana ou singularitez remarquables de Mess. Naudé et Patin. *Paris*, *Florentin et Pierre Delaulne*, 1701, in-12, 240 pages.

Edition originale, publiée par Piganiol et par Bayle.

Naudœana ou singularitez remarquables, prises des conversations de Mess. Naudé et Patin. Seconde édition revue, corrigée et augmentée d'additions au Naudœana qui ne sont point dans l'édition de Paris. A *Amstersdam* chez *François Van der Plaats*, 1703, in-12, 132 pages.

Potrait de Naudé et de Patin gravés par Sluyter.
Wolff se trompe en attribuant cet *Ana* au président Cousin.

L'auteur en est l'abbé Lancelot, érudit religieux de Port-Royal. (1615-1695).

Naudé, né à Paris en 1600, mort en 1653, fut médecin de Louis XIII, puis bibliothécaire de Mazarin.

Gui Patin, né près de Beauvais en 1601, mort en 1672, fut moins célèbre par ses succès en médecine que par sa causticité et ses bons mots.

Nazariana. J. P. Puricelli, *Mediolani*, 1656, in-fol.

Cité par Namur.

Neckeriana ou lettres sur les mélanges de Mme Necker. *Paris*, an VII, in-8 de 39 pages.

Par l'abbé Bourlet de Vaucelles (1733-1802).

C'est une critique sévère des écrits de Suzanne Curchod, (née dans le pays de Vaud en 1739, morte à Lausanne en 1794.) Elle fut l'épouse du ministre de Louis XVI et la mère de Mme de Staël.

Necrochiana ou recueil des faits et dits du terrible Nécroche, grand destructeur de mouches, 1807, in-16.

Cité dans l'*Anagrapheana*.

Nicotiana oder Taschenbuch für Tabaksräucher. Mit Kupf. *Berlin*, 1801, in-8.

Cité par Namur.

Nicotiana by Henry James Weller. *London, Effingham Wilson*, 1834, in-16, xvi-128 pages.

Nobiliana. Curiosités nobiliaires et héraldiques, suite du livre intitulé les Nobles et les Vilains, par Alph. Chassant, paléographe. *Paris*, *Aug. Aubry*, 1858, in-12, 180 pages.

Tiré à 600 exemplaires.

Noraconiana. Contenant les douze mouchoirs ou le portefeuille du cabinet ou tout ce que vous voudrez, par qui bon vous semblera, dit : Ça en est. Prix 12 livres ou l'usage du tems d'apprécier les mauvaises choses.

« Un généreux dégoût que j'eus pour la satire
« Me fit abandonner ce sot genre d'écrire. »

Imprimé quand Ça en était, ou Ça en sera toujours. Des sottises, l'an 1500.

De toute rareté.

Beaucousin nous apprend que cet *Ana* parut en mars 1780. Le *Noraconiana* (où se trouve l'anagramme de Caron) est une critique de la fureur que l'on a eue pour la farce des Boulevards intitulée : « *Janot ou les battus payent l'amende* », par le sieur Caron, auteur de « *Mon histoire ou les débris du pot de chambre.* »

Norisiana.

Dans les « *Pièces fugitives d'histoire et de littérature* », par Flachat de Saint-Sauveur, on dit en parlant du cardinal Noris : « On a recueilli jusqu'aux paroles de cet habile cardinal, puisqu'on a imprimé ou dû imprimer depuis peu à Amsterdam les *Norisiana*. (P. Adry.)

Le cardinal Henri Noris, critique et théologien, mourut à Rome le 13 février 1704, âgé de 73 ans. Il était né à Vérone.

Normandiana ou anecdotes, traits caractéristiques, bons mots des habitants de la Normandie, suivi du catéchisme des Normands. *Paris*, 1817, in-18.

Frontispice en couleurs.

O

Oceana of James Harrington. *Dublin*, 1737, in-fol. (1611-1677).

Oceana, 1771, in-4.

Oceana, 1777, in-fol.

Odryana ou la boîte au gros sel; recueil complet de bons mots, saillies, rébus, charges, coqs à l'âne, etc., etc., de M. Odry, artiste du théâtre des Variétés. Suivi d'une historiette farcie d'équivoques, attribuée à l'auteur des cinq 6 bons gendarmes « *Comprenez-vous mam'selle le calembourg?* ». *Paris*, 1825, in-16, XXIV-212 pages.

Curieux et joli frontispice se dépliant, gravé à la manière noire. Odry, célèbre comédien, naquit à Versailles en 1781, et mourut à Courbevoie, près Paris en 1853.

Œderiana, von J. F. Camerer. *Schleswig* und *Leipzig*, 1792, in-8.

Cité par Namur.

Œdipiana, recueil choisi de près de trois cents énigmes, charades, logogriphes. *Landau*, *Friedel*, 1812, in-12.

Imprimé à Metz.

Ogriana, par C. J. Rougemaître (de Dieuse). *Paris*, 1815, in-18.

Cité dans l'*Anagrapheana*. Se trouve dans « *l'Ogre de Corse* ».

Oliveyrana ou mémoires historiques, littéraires, etc., recueillis par le chevalier Francis Xavier d'Oliveyra, gentilhomme portugais. *La Haye*, 1743, 2 vol. in-12.

Le chevalier d'Oliveyra, né à Lisbonne en 1702, mort à Londres en 1783, a écrit une *Relation du tremblement de terre de Lisbonne* et des *Mémoires historiques, politiques et littéraires*, concernant le Portugal.

Omniana ou extrait des archives de la Société universelle des Gobe-Mouches. Dédié à S. S. le président fondateur et général en chef, par C. A. Moucheron, son premier aide de camp. « *Ce que je dis est la vérité même.* » (*Le roi et le fermier.*) *Paris*, *Maradan*, 1808, in-12, xv-424 pages.

Curieux frontispice gravé par Mariage, représentant un dîner de la Société des gobe-mouches.

Moucheron est le pseudonyme de Ad. Touss. Fortia de Piles, écrivain, né à Marseille en 1758. mort en 1826 à Sisteron.

Omniana or the horæ otiosiores by Rob. Southey. *London, Longmann,* 1812, 2 vol. in-12.

Omniana ou le petit Momus français. Premier et seul recueil. *Vanacker*, *Lille,* 1821, in-32, 128 pages.

Calendrier.

Oratoriana. *Paris*, s. d., in-12.

Livre de piété.

Orientaliana. Les paroles remarquables, les bons mots et les maximes des Orientaux. Traduction avec des remarques. *Paris,* 1694, in-12.

Orientaliana. Deuxième édition. *Lyon*, *Bautet*, 1695, in-12.

Orientaliana. Troisième édition ou les bons mots des Orientaux. Traduction nouvelle de leurs ouvrages en arabe, en persan et en turc, avec des remarques. *A Paris*, *au Palais*, chez *Augustin Brunet*, 1702, in-12, 356 pages.

Orientaliana. Quatrième édition. *Paris*, *Brunet*, 1708.

Orientaliana. Cinquième édition. *Paris*, *Brunet*, 1730.

Galland, auteur de cet ouvrage, est le premier qui nous ait fait connaître ces peuples « dont le génie, la religion, les mœurs et les coutumes sont bien differentes des nôtres, mais qui ne sont pas moins « bien partagés que nous du côté de l'esprit et du bon sens. » (P. Adry.)

Antoine Galland, orientaliste, né à Rollot, près de Montdidier, en 1646, mort en 1715, est surtout connu par sa traduction des *Mille et une nuits*.

Origeniana.

En tête de l'édition d'Origène publiée à Rouen par Huet, évêque d'Avranches en 1668, on trouve un *Origeniana : Id est Petri Danielis Huetii vita Origenis examen doctrinae et critica in opera ejus.*

Origène, surnommé Adamantius, célèbre docteur de l'Eglise, naquit à Alexandrie en 185 et mourut à Tyr en 254.

Ossiana by H. Y. Campbell.

Se trouve dans l'ouvrage « *The Pamphleter* ». London, Valpy, 1812, in-8.

Oudiniana.

Le P. François Oudin, savant jésuite qui demeurait à Dijon, avoua à M. Michault qu'il avait parmi ses papiers des mélanges littéraires qu'on pourrait appeler *Oudiniana*. (P. Adry.)

François Oudin, né en 1673 à Vignon, en Champagne, entra chez les jésuites en 1691, et mourut à Dijon en 1752.

Ouliana ou l'enfant des bois. *Paris*, *Legros et Cordier*, 1801, 2 vol., in-12.

Cité par Namur. N'est certainement pas un *Ana*.

Oweniana by Arthur Young. *London*, 1817, in-12.

Cité par Namur.

Oxoniana by John Walker. Printed for *Richard Philipps*, s.d., in-12, 4 vol., 238, 256, 248, 276 pages.

C'est un recueil de faits et anecdotes relatifs aux collèges, bibliothèques et établissements de l'université d'Oxford.

P

Paddiana, or Scraps and sketches of Irish life, present and past. *London, Richard Bentley*, 1847, IV-266 pages.

Impressions de voyage en Irlande. Paddy est le nom populaire de l'Irlandais.

Palingeniana. *Paris*, an X, in-18.

Cité dans l'*Anagrapheana*.

Panagiana panurgica ou le faux évangéliste, par M. de Prémontval : « *Ex fructu nascitur arbor.* » *La Haye, Saurel*, 1751, pet. in-8°, 156 pages.

Très rare.

Libelle diffamatoire de André-Pierre le Guay de Prémontval (né à Charenton en 1716, mort à Berlin en 1767), contre Toussaint Panage, l'auteur des « *Mœurs* », ouvrage condamné au feu en 1748.

Pantalo-phebeana ou mémoires, observations et anecdotes au sujet de Pantalon-Phébus.

Ce sont des anecdotes qu'on trouve à la suite du *Dictionnaire néologique*, 3e édition. Amsterdam, Michel C. le Cène, 1728, in-12 ; le *Pantalon-Phebeana* y occupe 78 pages.

C'est une satire contre Fontenelle, La Motte, l'abbé de Pons et d'autres, attribuée à l'abbé Des Fontaines, qui s'en est défendu. D'Artigny prétend qu'elle est l'œuvre de M. Bel (Jean-Jacques), conseiller au Parlement de Bordeaux, mort à Paris en 1738, à 45 ans.

Panormitana ou Piccolommiana.

Dans le *Poggiana*, Lenfant rapporte sous ce nom, les bons mots d'Œneas Sylvius Piccolomini (devenu pape sous le nom de Pie II), recueillis par Antoine de Palerme (Panormita).

Parisiana ou recueil d'anecdotes, bons mots, plaisanteries, quolibets et badauderies des Parisiens, entremêlé de quelques notions sur la capitale. Par un gobe-mouche, « *Veni, vidi, scripsi.* » *Paris*, *Tiger*, 1820, in-18, VI-108 pages.

Frontispice gravé en taille-douce.

Parrhasiana ou pensées diverses sur des matières de critique, d'histoire, de morale et de politique avec la défense de divers ouvrages de M. L...e par Théodore Parrhase. *Amsterdam*, *Ant. Schelte*, 1699, in-12, 444 pages.

Parrhasiana. Second volume chez *Henri Schelte*, 1701, 450 pages.

Avec réimpression du premier volume sur lequel on lit : seconde édition revue et augmentée.

Th. Parrhase est le pseudonyme de Jean Le Clerc, théologien calviniste, philosophe, littérateur et historien, né à Genève en 1657, mort en 1736. Il avait épousé la fille de Gregorio Leti.

Parrhasiana et Casauboniana ou pensées diverses sur des matières de critique, d'histoire, de morale et de politique, de MM. Théodore Parrhase et Casaubon. *Amsterdam*, 1699, 2 vol. in-12.

Paysaniana ou recueil d'anecdotes, bons mots, plaisanteries, sarcasmes, ingénuité et malice des paysans, par un campagnard. *Paris*, 1824, in-12, 108 pages.

Pedeana.

Recueil de tous les écrits qui ont été faits au sujet des pieds, projeté par Jamet le jeune, homme de lettres.

On lit, en effet, dans l'*Année littéraire de 1779* la piquante notice suivante de M. Mercier de Saint-Léger, ancien Bibliothécaire de Sainte-Geneviève : « M. Jamet le cadet est mort le 30 août 1778. Il a remis avant de mourir, ses matériaux pour le *Pedeana*, à M. Molé, avocat au Parlement. » (Beaucousin.)

Pelagiana ou le détenu pour dettes. Petit poëme en un chant, par T. de C... *Paris*, 1816, in-8°, 32 pages.

Rare. Par Théodore de Courcelles.

Peleteriana.

On trouve dans le catalogue de la vente de Beaucousin, (1799), au n° 507, *Peleteriana ou travaux littéraires de M. Claude Le Pelletier* contrôleur général, contenant la vie de M. Le Tellier et de M. Bignon manuscrits corrigés de la main de M. Le Pelletier.

Claude Le Pelletier, né à Paris en 1630, succéda à Colbert dans la place de Contrôleur général. Il mourut en 1711.

Perroniana sive excerpta ex ore cardinalis Perronii per F.F. P.P. *Genevæ, apud Petrum Columesium,* 1669, in-12, 332 pages.

Édition donnée par les frères Dupuy. (Fratres Puteani.)

Perroniana. Editio secunda auctior et emendatior. *Hagae comitum ex typographia Adriani Vlacq sumptibus Johannis Vlacq*, 1669, in-12, 332 pages.

Édition donnée par Vossius.

Le cardinal Jacques Davy du Perron, littérateur, naquit en 1556 et mourut en 1618.

Perroniana et Thuana. Editio secunda. *Coloniæ Agrippinæ apud Gerbrandum Scagen*, 1669, in-12, 366 pages.

Donné par Daillé à Rouen avec le faux nom de lieu : « Cologne. »

Perroniana et Thuana. Editio tertia, 1691, in-12, 368 p.

Également publié à Rouen.

Perroniana et Thuana ou pensées judicieuses, bons mots, rencontres agréables et observations curieuses du cardinal du Perron et de M. le Président de Thou, conseiller d'état. *Cologne*, chez ***, 1694, in-12, 453 p.

Frontispice.

Jolie édition — la seule en français — publiée par les Huguetans célèbres libraires, qui après la révocation de l'Édit de Nantes, quittèrent Lyon et allèrent s'établir en Hollande.

Peruviana. Claudii Bartholomœi Morisoti. « *Non cecinit meliora lyra.* » *Divione* (Dijon) *Guyot auctoris sumptibus*, 1645, in-4°, 345 pages.

Très rare.

C'est un roman historique dans lequel l'auteur Claude Barthélémy Morisot, né à Dijon en 1592, mort en 1661, raconte sous des noms péruviens l'histoire des démêlés du cardinal de Richelieu avec Marie de Médicis et Gaston d'Orléans.

Peruviana. Troisième édition, 1691, 368 pages.

Peteriana ou manuel théorique et pratique de l'art de péter, vesser et roter à l'usage des personnes constipées, graves, mélancoliques et tristes : ouvrage curieux dans lequel on explique les pets, les vesses et les rots, en quoi ils diffèrent les uns des autres, leurs causes, effets et signes de leur approche, leur histoire, leurs pronostics, leurs avantages pour la société, les malheurs et accidents qu'ils ont causés, les moyens de les dissimuler et de les provoquer, les soixante-deux sons divers qu'ils font entendre, formant un concert divin et singulier ; les moyens de reconnaître au goût et à l'odorat si ce sont des pets de province, de ménage, de maître d'armes, demoiselles, jeunes filles, femmes mariées, bourgeoises, paysannes, bergères, vieilles, boulangers, tailleurs, géographes, laïcs, cocus, etc., etc. Terminé par l'histoire du Prince Pet en l'air et de la reine des Amazones. Le tout rédigé par un merdeux pour faire suite au Merdiana. *Paris*, Chez les libraires en bonne odeur (*Terry*), in-12, 112 pages.

Peteriana.

Réimpression faite en 1883 avec un frontispice et quelques additions

Peterseniana.

Se trouve avec l'*Antipeterseniana* dans l'ouvrage intitulé « *Sammlung von alten und neuen theologischen Sachen, 1750.* » (Namur.)

Petiveriana seu naturæ collectanea, etc. *London*, 1716-1717, in-fol.

Cité par Namur.

Philoniana.

Il est en tête de l'édition de Philon donnée par le Dr Bird, à Londres, 2 vol. in-fol., 1742. (P. Adry.)

Philon, surnommé le Juif, né vers l'an 30 av. J.-C. à Alexandrie, a laissé plusieurs ouvrages de philosophie.

Phœnixiana or Sketches and Burlesques, by John Phœnix. *New-York*, *D. Appleton and Co*, 1889.

Photiana, 1733, in-4, 24 pages.

Ce sont des extraits tirés de la bibliothèque de Photius et traduits du grec en français par Jean Baratier (voyez *Barateriana*).

Photius, patriarche schismatique de Constantinople, fut un des plus grands savants du neuvième siècle.

Pictoriana, in-8°, 459 pages.

Manuscrit autographe d'Hécart. Précédé d'une traduction de l'ouvrage anglais « *Pictor errans* » rapportant de bons mots des peintres.

Piozziana. *London*, 1833, in-8.

Cité par Namur.

Pironiana. Recueil contenant plusieurs traits de la vie et du caractère de M. Piron et quelques-unes de ses poésies, in-4, 147 pages.

Manuscrit du dix-huitième siècle.

Pironiana ou recueil des aventures plaisantes, bons mots, saillies ingénieuses d'Alexis Piron, par C. d'Aval. *Paris*, *Vatar Jouannest*, an VIII, in-18, XI-144 pages.

Portrait.

Pironiana, an IX, id.

Pironiana, 1809, chez *Pigeoreau*, 106 pages.

Gravure coloriée. Calendrier pour 1810.

Pironiana, 1813, *Avignon*, *Joly*, in-32, 110 pages.

Pironiana, 1815, *Paris*, *Vauquelin*, in-32, 96 pages.

Pironiana, 1824, *Lille*, *Castiaux*, in-32, 128 pages.

Portrait en couleurs.

Pironiana erotica ou recueil des épigrammes obscènes, polissonneries, réponses galantes, saillies graveleuses, etc., d'Alexis Piron. *Paris*, *Marchands de nouveautés*, 1809 (1871) in-18.

Alexis Piron, poète dramatique, satirique et parfois pornographique, naquit à Dijon en 1689 et mourut en 1773.

Pironiana (le petit), Vadeana, Arlequiniana, Friponiana, Sphynxiana ou la petite boite à l'esprit. *Lille*, *Castiaux*, in-32, s. d.

Pithœana sive excerpta a Petro Pithœo ex ore et schedis Fr. Pithœi patrui sui. *Tricassibus*, anno 1616.

C'est le titre du manuscrit que M. Huet, dans le « *Recueil de l'abbé de Tilladet* », attribue avec raison à Pierre Pithou, le neveu, et il ajoute qu'il se trouvait dans la bibliothèque de M. Le Pelletier, contrôleur général. Cet ouvrage a été connu de quelques savants qui en faisaient grand cas. Ménage le cite dans l'*Antibaillet*, Wolff l'analyse dans sa préface du *Casauboniana*, etc.,etc. (P. Adry).

Le Pithœana se trouve aussi dans le recueil des *Ana* publié par Des Maizeaux en 1740.

François Pithou, né à Troyes en 1543, mort en 1621, a laissé différents ouvrages d'érudition.

Pithœana, in-fol., m. s.

A passé en 1699 à la vente Beaucousin, et d'après celui-ci, fort différent des autres *Pithœana*.

Plaigiairiana contenant divers principes émanés du Trésor de la Vérité, recueillis par S... N..., prieur de Saint-Yon. Aux dépens de l'auteur. Se trouve à *Amsterdam*, chez *François Changuion*, 1735, in-8, 322 pages.

C'est un ouvrage de théologie et de morale chrétienne.

L'abbaye de Saint-Yon se trouvait entre Arpajon et Étampes.

Poggiana ou la vie, le caractère, les sentences et les bons mots de Pogge, Florentin, avec son histoire de la République de Florence et un supplément de diverses pièces importantes. *Amsterdam*, *Pierre Humbert*, 1720, 2 vol., in-12, 1er 301, 2me 301, VI-636 pages.

Superbe portrait du Pogge, gravé en taille-douce par Schoute.

Le *Poggiana* est l'œuvre de Jacques Lenfant, ministre protestant (1661-1728), auteur de l'histoire des Conciles de Constance, Pise et Bâle.

J. Fr. Poggio Brancolini, savant italien, naquit à Terranuova en 1380, et mourut en 1469 à Florence.

Poissardiana ou les amours de Royal Vilain et de mam'zelle Javotte la Déhanchée. Dédié à Mgr le

Mardi gras par M. de Fortengueule. *A la Grenouillère*, 1756, in-12, 48 pages.

Le plus rare et le plus typique de tous les *Poissardiana*.

Par André Ch. Caiileau, libraire à Paris, auteur de plusieurs pièces de théâtre.

Poissardiana ou recueil d'entretiens poissards et bouffons d'après les propos facétieux qui se tiennent aux Halles et sur les ports, entremêlés de chansons grivoises, de vaudevilles et de rondes de table, sur des airs choisis par un marinier. *Au Gros-Caillou*. De l'*imprimerie de Pierre Le Blanc*, charbonnier, avec permission des Babelicus de la Grenouillère, s.d., (de 1770 à 1774) 48 pages.

Poissardiana ou catéchisme des halles ; ouvrage utile à la jeunesse qui veut passer joyeusement le Carnaval. *Paris, rue du Carême prenant*, l'an II du retour du Mardi gras (vers 1820) in-18, xv et 144 pages.

Frontispice en couleurs, gravé par Benoist.

Poissardiana, édition populaire. *Paris*, chez *les libraires associés*, 1800, in-18.

Figure coloriée.

Polissonniana ou recueil de turlupinades, quolibets, rébus, jeux de mots, allusions, allégories, pointes, expressions extraordinaires, hyperboles, gasconnades, espèces de bons mots et autres plaisanteries avec les équivoques de l'homme inconnu et la liste des plus rares curiosités. *Amsterdam, Henri Desbordes*, 1722, in-12, 140 pages.

Polissonniana. Seconde édition. *Amsterdam, Henri Schelte*, 1725.

L'auteur de ce recueil est l'abbé Cherrier, mort en 1738.

Peu de livres firent plus de bruit à leur apparition que celui-ci Bien qu'il ne s'y trouve pas un seul mot non seulement libre, mais même hasardé, quelques mois après son apparition en France il fut saisi, et l'éditeur condamné.

D'Artigny qualifiait le *Polissonniana*, sur sa réputation, de « recueil à l'usage de la canaille et des corps de garde. »

L'auteur n'a pas toujours été aussi hardi que son titre. (Note du catalogue Nodier 1844, n° 948.)

Polissonniana ou recueil de turlupinades, etc., etc., avec une notice par M. P. Lacroix. *Bruxelles, imp. Mertens*, pet. in-12, 125 pages.

Réimpression faite par les soins de J. Gay en 1864.

Polissonniana ou compendium amoureux et galant de la gaieté, de la joyeuseté et de la gaillardise. *Paris, chez tous les libraires*, au Palais Royal, s. d., in-16. 44 pages.

Pompeïana the topography, edifices and ornaments of Pompeï, the result of excavations since 1819, by *W. Gell. London*, 1832, 2 vol., gr. in-8, XXIV-198 et 207 pages.

Ouvrage très rare sur les fouilles de Pompeï et d'Herculanum, orné de grandes figures hors texte et de nombreuses vignettes, tirées sur papier de Chine et gravées sur acier.

Pompeïana, the topography and ornaments of Pompeï by sir William Gell and John Gandy architect. *London Rodwel and Martin*, in-8°, s. d., 275 pages.

Seconde édition du précédent ouvrage.

Popiana.

Se trouve dans l'ouvrage intitulé « *Observations, anecdotes, and characters of books and men by the late Rev. J. Spence, arranged with notes by the late E. Malone*. London, Murray 1820, in-8, 178 pages.

Alexandre Pope, poète et philosophe anglais, naquit en 1688 et mourut en 1744.

Porsoniana. Recollections of the Table Talk of Samuel Rogers to which is added Porsoniana by William Maltby. *London, Edward Moxon*, 1856, in-8, 2 vol., 295 et 357 pages.

Richard Porson, helléniste anglais (1759-1808), a laissé des ouvrages de critique et des éditions estimées d'Eschyle et d'Euripide.

Potériana ou recueil des cancans de ville et de coulisses, de calembourgs, bons mots, naïvetés, couplets pointus, anecdotes, monologues, bêtises et réparties spirituelles attribuées à Potier, acteur du théâtre des Variétés. « *Sans Potier peut-on rire un jour?* » 2e édition. *Paris*, *L'Écrivain*, s.d., x-204 pages.

Potierana ou recueil complet des calembourgs, jeux de mots, bêtises, etc., de Potier, acteur des Variétés, à l'usage des personnes qui veulent s'amuser à peu de frais et briller dans les sociétés sans y porter trouble, par un habitué de l'avant-scène. « *Sans Potier peut-on vivre un jour?* » *Paris*, *L'Écrivain*, 1814, in-12, VII-212 pages.

Frontispice en couleurs se dépliant, représentant Potier et Brunet dans les « *Boxeurs* ».

Potier, célèbre acteur, fut d'abord officier. Il naquit à Paris en 1775 et y mourut en 1838.

Pradtiana ou recueil des pensées, réflexions et opinions politiques de l'abbé Pradt, ex grand vicaire de l'archevêque de Rouen, etc., etc. Entremêlé de quelques anecdotes aussi curieuses qu'amusantes et précédé d'une notice biographique sur la vie et les ouvrages de cet écrivain politique. « *In memoriam æternam erit* » par Cousin d'Avalon. *Paris*, *Plancher*, 1820, in-18, 175 pages.

Dominique Dufour, abbé de Pradt, prélat et écrivain, (1759-1837), a laissé des ouvrages historiques estimés.

Pranceriana. *Dublin*, 1779, in-8.

Cité par Namur.

Predicatoriana ou révélations singulières et amusantes sur les prédicateurs, entremêlés d'extraits piquants des sermons bizarres, burlesques et facétieux, prêchés tant en France qu'à l'étranger, notamment dans les 15e, 16e et 17e siècles, suivies de quelques mélanges curieux avec notes et tables, par G. Peignot. *Dijon*, *Lagier*, 1841, in-8, XXIV-444, 8, 38 pages.

Peignot, célèbre bibliographe et bibliophile, naquit à Arc (Haute-Marne) en 1766 et mourut en 1849.

Proudhoniana ou les socialistes modernes, commentés et illustrés par Cham. Album dédié aux propriétaires. *Paris*, 1848, plaq. in-8°.

Album humoristique comprenant seize feuillets de dessins gravés sur bois.

Proverbiana ou recueil choisi de proverbes français et des manières de s'exprimer proverbiales. *Paris, Tiger*, 1824, in-8°, 108 pages.

Figures.

Proverbiana ou recueil des proverbes les plus usités et les plus saillants avec leur signification précise. « *L'an qui refuse m'use* ». *Lille*, *Blocquel*, s. d., in-32, 127 p.

Figure coloriée.

Prudentiana.

A l'imitation des *Origeniana*, *Gersoniana*, etc., on a mis un *Prudentiana* à la tête de la nouvelle édition de Saint-Prudence. Rome, 2 vol. in-4°, fig. 1788-89 (P. Adry).

Aurelius Prudentius Clemens, né à Saragosse en 348, se distingua comme magistrat et homme de guerre. Il vivait sous Honorius.

Puniana or thoughts wise and otherwise. A new collection of the best Riddles, conundrums, jokes, sells, etc., etc. Edited by the Hon. Hugh Rowley. *London Camden Hotten*, s. d., in-12. 270 pages.

Puteana.

Perrault, dans ses « *Hommes illustres* », article Pierre Dupuy, après avoir parlé des conférences des savants qui se tenaient à la Bibliothèque du roi et qui furent continuées après la mort de Pierre Dupuy par son frère Jacques Dupuy, prieur de Saint-Sauveur, nous dit : « Il nous reste une infinité d'excellentes choses qui ont été dites dans ces conférences, et qui sont venues à nous sous le titre de *Puteana.* » (P. Adry.)

Les trois frères Dupuy, connus sous le nom de Fratres Puteani, jouèrent un grand rôle dans l'histoire littéraire de leur temps. L'aîné, Christophe, théologien, né à Paris vers 1580, mort à Rome en 1654, devint procureur des Chartreux. Le second, Pierre, historien, né à Agen en 1582, mort en 1651, fut conseiller au Parlement et garde de la bibliothèque du roi. Le troisième, Jacques, né en 1586, mort en 1656, devint également garde de la bibliothèque du roi.

Q

Quesnayriana, dédié au genre humain. Avis à mes enfants ou les anecdotes publiques et secrètes de ma vie (1756-1808), par M. H. M. Q... *Paris,* 1808, in-8, 16 pages.

Très rare.

Par Robert François Joseph Quesnay de Saint-Germain, magistrat, né à Valenciennes en 1751, mort en 1805. Il était petit-fils du célèbre économiste François Quesnay.

Quesnelliana.

Accompagnait l'*Arnaldiana* que d'Artigny avait vu en manuscrit entre les mains de l'abbé Tricault de Belmont. Il l'attribuait à Joseph Fr. Bourgoin de Villefore (1652-1737). (P. Adry.)

Le Père Quesnel (Pasquier), né en 1634 à Paris, théologien janséniste et ami d'Arnault, est célèbre par ses démêlés avec l'archevêque de Paris, lesquels provoquèrent la fameuse Bulle Unigenitus. Il mourut à Amsterdam en 1719.

Quiriniana. *Romae*, 1745, in-4°.

Cité par Namur.

R

Rabelaisiana, par Armand Rivière. *Paris, Marpon et Flammarion,* 1885, gr. in-8° 217 pages.

Joli volume tiré à cent exemplaires sur Hollande, très bien imprimé à Tours. Texte dans un encadrement rouge.

En tête, discours prononcé par l'auteur (maire de Tours) aux Fêtes de Rabelais et toast en style rabelaisien, porté en 1882, à l'inauguration de la statue de Rabelais à Chinon.

Rabelais, médecin et immortel auteur de *la Vie de Gargantua et de Pantagruel*, naquit à Chinon en 1495 et mourut en 1553 à Paris.

Rabutiniana ou pensées diverses du comte de Bussy-Rabutin.

Se trouve dans le 3e tome des *Œuvres mêlées de Bussy*. Amsterdam, Zacharie Châtelain, 1731, in-12.

Roger, comte de Bussy, cousin de Mme de Sévigné, célèbre par son esprit et sa causticité, surnommé le Pétrone français, naquit à Epiry (Nièvre) en 1618 et mourut en 1693.

Raconiana ou recueil des niaiseries à l'usage des gens d'esprit, au bénéfice de Lagrange, garçon de théâtre, octogénaire. *Lille,* 1836, in-8°, 18 pages.

Rare.

Randiana or excitable tales. *Paris, Société des bibliophiles,* for the delectation of the Amorous and the instruction of the Amateur, in the year of the excitement of the sexes. 1898, in-12, 227 pages.

Ouvrage érotique.

Randiana.

Même ouvrage, mais in-8°, VIII-144 pages, tiré à 200 exemplaires numérotés, sur papier Van Gelder.

Ramseeana. *Calcutta*, 1836.

Cité par Namur.

Randoniana ou la malédiction ambulante, histoire qui vaut un roman pour les amateurs, utile à tout le monde pour se faire trente mille livres de rente, ou à les conserver, par A. de Crucy. *Paris*, 1817, 2 vol. in-8°, 80 et 100 pages.

C'est l'histoire d'un procès entre Crucy et Randon, dans laquelle on voit des tours de friponnerie étonnants pratiqués à Bordeaux, Marseille, Paris, Bâle, Saint-Domingue, etc.

Remensiana. Historiettes, légendes et traditions du pays de Reims. *Reims, Jacquet*, 1845, x-413 pages.

Publié par Louis Paris.

Revolutioniana ou anecdotes, épigrammes et saillies relatives à la Révolution, par Philana. *Paris*, *Maradan*, an X, in-18, 195 pages.

Curieux frontispice gravé par Bonnet.

Cet ouvrage d'Albéric Deville, d'Angers, commence par une notice assez inexacte sur les *Ana* anciens et modernes. A la fin se trouve une pièce à tiroirs intitulée « *Les Masques*. »

Richardsoniana or Occasional reflections on the moral nature of man, suggested by the various authors ancient and modern and exemplified by these authors, with several anecdotes interspersed, by the late Jonathan Richardson. *London*, 1776, in-8°.

Samuel Richardson, célèbre romancier anglais, auteur de *Clarisse Harlowe*, *Paméla*, *Grandisson*, naquit en 1689 et mourut en 1761.

Rieggeriana. *Wien. Friburg. Prag.* 1792, 2 vol. in-8°.

Cité par Namur.

Rivaroliana ou recueil d'anecdotes, bons mots, sarcasmes, réparties, satires, épigrammes de Rivarol, avec des notes par Cousin d'Avalon. *Paris, Davi et Locard*, 1812, in-18, XXII-156 pages.

Portrait.

Antoine, comte de Rivarol, écrivain et causeur brillant, naquit à Bagnols en 1753. Il mourut en 1801 à Berlin où il représentait Louis XVIII.

Rooseveltiana by Leslie Chase, author of Political X Rays « *Croyez-le ou non, ce m'est tout un : me suffit vous avoir dit la vérité.* » (Rabelais). *The Grafton Press. New-York*, in-12, 43 pages.

Théodore Roosevelt, fils d'un négociant d'origine hollandaise, Théodore Roosevelt et de Martha Bullock, né à New-York le 17 octobre 1858, a été le vingt-sixième Président des États-Unis d'Amérique.

Rousseana ou recueil d'anecdotes, bons mots, maximes, pensées et réflexions de J.-J. Rousseau, enrichi de notes et de quelques pièces inédites de ce célèbre philosophe, par Cousin d'Avalon. « *Vitam impendere vero.* » *Paris, chez l'auteur,* 1810, in-18, 204 pages.

Portrait de Rousseau par Chailley.

Rousseana. 2e édition. *Lebel et Guitel*, 1811, 204 pages.

Portrait.

Jean-Jacques Rousseau, philosophe et écrivain, né à Genève en 1712, mourut à Ermenonville en 1778.

Rousseliana ou recueil de tous les bons mots, vers, calembourgs, lazzis et facéties des Cadet Roussel, où l'on a réuni toutes les additions de M. Brunet, qui ne se trouvent pas dans les pièces imprimées avec sa permission et la tragédie de Matapan ou les assassinats de l'amour par MM. Aude et Tissot, par Anagramme Dauneur : « *Il fait la barbe aux autres.* » *Paris, Mme Cavanagh,* 1805, in-18, 180 pages.

Anagramme Dauneur est le pseudonyme d'Armand Ragueneau de la Chainaye.

Rousseliana. Seconde édition, revue, corrigée et considérablement augmentée, s. d., 160 pages.

Curieux frontispice gravé en couleurs, représentant les acteurs Brunet et Hugot, dans une scène de « *Cadet barbier.* »

Cet *Ana* a été inspiré comme le *Brunetiana* et l'*Angotiana*, par les pièces de théâtre du chevalier Aude. (1755-1841).

S

Sabiniana.

Se trouve dans les *Acta Borussica*. Kônigsberg und Leipzig, 1730, in-8°.
Cité par Namur.

Sacerdotiana. In-16, 31 pages.

Manuscrit autographe, composé vers 1794, par Courtois, député de l'Aube, renfermant un recueil d'épigrammes contre les prêtres et les moines.

Saint-Évremoniana ou dialogues des nouveaux dieux. *Paris*, *Brunet*, 1700, in-12, 437 pages.

Première édition, publiée par Cotolendi.

Saint-Évremoniana ou recueil de diverses pièces curieuses, avec des pensées judicieuses, de beaux traits d'histoire et des remarques très utiles de M. de Saint-Evremont. *Amsterdam*, *Pierre Mortier*, 1701, in-12, 304 pages.

Portrait.

Saint-Évremoniana. *Luxembourg*, 1702, in-12.

Saint-Évremoniana. A *Paris*, chez *Antoine de Billy*, 1710, in-12, 389 pages.

Un des meilleurs *Ana*.
Charles de Saint-Denis, seigneur de Saint-Évremont, dont le vrai nom était Margotelle, écrivain et philosophe, naquit à Saint-Denis-le-Guast, près de Coutances, en 1616. Exilé en Angleterre, il y mourut en 1703 et fut enterré à Westminster.

Sainvilliana.

Dans les *Pièces fugitives d'histoire et de littérature*, par Flachat de

Saint-Sauveur, on lit, page 514, que M. de Sainville fit paraître une brochure in-12, intitulée les « *Caffez de la cour.* » On nous annonce à la fin des *Sainvilliana*. (P. Adry).

Saloniana ou Sallotiana.

Cité dans l'Épigramme de la Monnoye et dans la préface du *Casauboniana*.

Le Saloniana n'a jamais existé sous ce titre, mais on entend par là, le « *Recueil de mélanges* » de M. Denys de Sallo, seigneur de la Coudraye, conseiller au Parlement, né à Paris en 1626, mort en 1669, fondateur du *Journal des Savants*.

Camusat a dit qu'il avait vu et examiné à loisir ce recueil que M. de Sallo appelait son pot-pourri. Ledit recueil se composait de neuf volumes in-folio, fort épais, d'environ deux mille pages chacun, dont sept consacrés à l'histoire et deux aux mélanges. (P. Adry.)

Salmasiana.

Dans les *Mélanges* de Michault on lit : « J'ai trouvé parmi les papiers d'un savant, ami de Saumaise, quelques faits et anecdotes sous le nom de *Salmasiana.* »

Claude de Saumaise, en latin Salmasius, érudit, naquit à Semur-en Auxois en 1588 et mourut en 1658.

Sammartiniana.

Dans l'avertissement qui est en tête de « *La Mandarinade* » ou histoire comique du Mandarinat de M. l'abbé de Saint-Martin, marquis de Miskou, docteur en théologie et protonotaire du Saint-Siège apostolique (à la Haye, sur le Spuy, 1738), on lit ce qui suit : « On s'était « attendu à ce que l'illustre M. Foucault, intendant de cette géné« ralité (de Caen), ferait travailler à la vie de l'abbé de Saint-Martin « sous le nom de *Sammartiniana* (P. Adry). »

Sanctiniana ou bons mots et réponses des saints par M. D... 2 t. en 1 vol. de 108 pages.

Curieux manuscrit copié au dix-huitième siècle sur celui de la bibliothèque de Cambrai, dont l'auteur est le chanoine Desplanques.

Santoliana ou bons mots de M. de Santeuil, avec un abrégé de sa vie. *La Haye, Joseph Crispin,* 1708, in-8, 268 pages.

Publié à Rouen par La Monnoye.

D'autres éditions du *Santoliana* ont été publiées à la Haye en 1710 et en 1717 (avec le faux nom de lieu de Rouen).

Santoliana. La vie ou les bons mots de Santeuil, avec

plusieurs pièces de poésies, mélanges de littérature, le démêlé avec les jésuites et lui, une autre histoire de ce démêlé et quelques pièces pour ou contre M. Santeuil, le tout divisé en deux tomes. Nouvelle édition corrigée et considérablement augmentée. *Cologne, Abraham l'Enclume,* 1722, in-12 de 252 pages.

Santoliana. *Paris,* 1723, 2 vol., in-12.

Santoliana. *Cologne,* 1735.

Santoliana. *Ibid.* 1742.

Santoliana. Ouvrage qui contient la vie de Santeul, ses bons mots, son démêlé avec les jésuites, ses lettres, ses inscriptions et l'analyse de ses ouvrages. Par M. Dinouart, chanoine de Saint-Benoist et de l'Académie des Arcades, à *Paris, chez Nyon,* 1764, in-12, 384 pages.

Santoliana ou recueil des aventures, anecdotes, bons mots et plaisanteries de Santeuil avec des notes et remarques. « *Il parle comme un lion et pense comme un sage.* » (*La Bruyère*), par le C. C. d'Aval, à *Paris,* chez *Brasseur et tous les marchands de nouveautés,* an IX, 1801, xv et 144 pages.

Portrait gravé par Benoist.

Jean-Baptiste de Santeul, poëte latin moderne, chanoine de Saint-Victor, né en 1630, mort en 1697, s'acquit presque autant de célébrité par sa gaieté et ses bizarreries que par son talent poétique.

Savonaroliana. Estratte dal Diario di Luca d'Antonio Landucci, uno dei Piagnoni. *Firenze, Stamperia sulla Legge del grano,* 1865, in-8°, 34 pages.

Tiré à quarante exemplaires.

Jérôme Savonarole, prédicateur dominicain et agitateur, naquit à Ferrare en 1452 et fut brûlé pour cause d'hérésie le 23 mai 1498 à Florence

Scalichiana.

Se trouve dans les *Acta Borussica.* Königsberg und Leipzig, 1730, in-8°. (Namur).

Scaligerana, nusquam antehac edita cum prœfatione T. Fabri. (Tanneguy Le Febvre) quibus adjuncta est altera Scaligerana quam antea emendatiora cum notis cujusdam V. D. (viri docti) anonymi *Groningœ* (pour Saumur) *apud Pètrum Smithœum,* 1669, in-12. 150 et et 266 pages.

Le *Scaligerana* est le premier ouvrage vraiment digne du nom d'*Ana*, qui ait paru sous forme de recueil des pensées et des paroles d'un homme illustre, et on peut le regarder comme le père d'une postérité nombreuse. En cet honneur nous lui consacrerons une notice un peu détaillée. D'ailleurs, des Maizeaux a écrit tout un livre sur l'histoire des *Scaligerana*.

Un savant médecin de Poitiers, François Vertunien, sieur de Lavau, qui avait eu l'occasion de voir Scaliger dans la maison de M. Chasteigner de la Rocheposai, s'avisa de recueillir et d'écrire tout ce qu'il avait entendu dire par ce grand homme. Après la mort de Vertunien survenue en 1607, son recueil fut acheté par un avocat de Poitiers, nommé François de Sigogne, qui l'envoya à M. Tanneguy Le Febvre. Celui-ci ajouta des notes à celles que Vertunien y avait mises et fit imprimer le tout à Saumur.

Scaligerana, Prima. Editio altera priore emendatior. *Ultrajecti apud Petrum Elzevirium,* 1671, in-12, 140 p.

Réimpression (en menus caractères) de l'ouvrage précédent.

Scaligeriana. Sive excerpta ex ore Josephi Scaligeri per F.F. P.P. *Hagœ apud Petrum Columesium,* 1666.

L'éditeur aurait dû mettre au titre F.F. V.V. (Fratres Vassanos) car d'après nos recherches, l'attribution de cet ouvrage aux frères Dupuy ou aux frères Pithou est également inexacte. En effet, vers 1615, Jean et Nicolas de Vassan, neveux des frères Pithou, furent envoyés à Leyde pour y achever leurs études commencées à Genève. A Leyde, Scaliger, ami des frères Pithou, fit bon accueil à leurs neveux qui, de plus, lui avaient été recommandés par Casaubon. Tous les jours, il s'entretenait avec eux d'histoire, de critique et de littérature.

Ces entretiens, soigneusement recueillis par les Vassans et transcrits par Daillé, leur ami, qui les mit par ordre alphabétique, constituent le *Scaligeriana* de 1666.

Scaligerana. Editio altera ad verum exemplar restituta et innumeris iisque fœdissimis mendis quibus prior illa passim scatebat diligentissime purgata. *Coloniae* (Rothomagi), *apud Gerbrandum Scagen*, 1667, in-12, 268 pages.

Daillé, mécontent des nombreuses erreurs commises par les frères Vassan, publia cette dernière édition.

Scaligerana, secunda editio, auctior et emendatior. *Hagæ comitum ex typographia Adriani Vlacq, sumptibus Johannis Vlacq*, 1668.

Quelques exemplaires de cette édition (qui, sous le titre de seconde, est en réalité la troisième) portent : *Lugduni Batavorum ex officina Cornelii Driehuysen.*

Scaligerana ou bons mots, rencontres agréables et remarques judicieuses et savantes de J. Scaliger, avec des notes de M. Le Fèvre et de M. de Colomiès. Le tout disposé par ordre alphabétique en cette nouvelle édition, *à Cologne*. Chez***. 1695, in-12, 418 pages.

Frontispice.

C'est la dernière édition des *Scaligerana* et la meilleure. Elle a été publiée par les Huguetans, libraires à Amsterdam.

Joseph Juste Scaliger, fils de Jules César della Scala, philologue universel et érudit, naquit à Agen en 1540 et mourut en 1609 à Leyde.

Scaligerana. Thuana, Perroniana, Pithœana et Colomesiana, ou remarques historiques, critiques, morales et littéraires de J. Scaliger, J. A. de Thou, le cardinal du Perron, F. Pithou et P. Colomiès avec les notes de plusieurs savants. *Covens et Mortier, Amsterdam*. 1740, 2 vol. in-12. 628 et 626 pages.

Cette édition a été donnée par Pierre Des Maizeaux, littérateur calviniste, ami de Saint-Évremont et de Bayle, né en Auvergne en 1666, mort en 1740 à Londres.

Scaligerea electa. Hoc est Julii Cœsaris Scaligeri, sententiœ, prœcepta, definitiones, axiomata, ex universis illius operibus selecta et per certas locorum communium classes distributa (ordine alphabetico), opera quondam. *Stalyonis Hanoviæ typis Wechelianis*. 1634, in-8, 431 pages.

Assez rare. C'est un bon choix de ce qu'il y a de plus curieux dans les ouvrages de Jules César Scaliger, descendant de l'illustre famille italienne Canis della Scala, né à Ripa, près de Vérone en 1484, mort à Agen en 1558.

Jules César Scaliger, dont il est question dans le *Scaligerea*, est beaucoup moins célèbre que son fils Joseph Juste.

Scaramouchiana ou recueil des ruses du fameux Scaramouche, suivi des aventures d'un Flamand. — *A Deridenopolis* (*Lille*). Au grand magasin de gaité, in-32, s. d. (1809), 128 pages.

Figure coloriée.

C'est l'histoire de la vie de Scaramouche, personnage de la comédie italienne, par Angelo Constantini.

Scarramucciana, in-12, Gab. Peignot.

Porté avec cette seule indication dans l'*Anagrapheana*.

Scarroniana ou recueil d'anecdotes, bons mots, réponses bouffonnes, gaités et farces de Paul Scarron, suivi des meilleurs morceaux de poésie burlesque de cet auteur. Par le citoyen C. d'Avalon. « *Tous les genres sont bons, sauf le genre ennuyeux.* » *Paris*, *Hedde le jeune*, an IX, 1801, in-18, XII-138 pages.

Portrait gravé par Boinet.

Paul Scarron, écrivain, naquit à Paris en 1610 et mourut en 1660. Il épousa Mlle d'Aubigné, devenue par la suite Mme de Maintenon.

Schilleriana, *Hamburg*. 1809, in-8.

Cité dans l'*Anagrapheana* avec l'indication « Germanice ».

Schilliana, enthaltend Züge und Thatsachen aus dem leben des Königl. Preuss. Majors von Schill. *Hamburg*, 1810, in-8.

Cité par Namur.

Schumaniana von Wilhelm Joseph von Wasiliewski *Bonn*, 1833, in-12.

Robert Schumann, illustre musicien et compositeur allemand, naquit en 1810, à Zwickau (Saxe) et mourut en 1856.

Schurtzfleischiana. *Wittembergæ*, 1723, in-8.

Schurtzfleischiana, *Ex officina Schlomachiana*, 1729, in-8.

chiurtzfleischiana ex scholiis celeberrimi illius polyhistoris collecta, quorum specimen III dedit Irenœus Sincerus sive varia de scriptoribus, librisque judicia Conradi Sam. Schurtzfleischii polyhistoris olim summi cum indice necessario edidit. Godefredus Wagnerus, *Wittembergæ ex officina Jo. Fr. Schlomachii*, 1744, in-8, 234 pages.

Conrad Samuel Schurtzfleisch, né en 1641, dans le comté de Wal deck en Allemagne, mort en 1708, a laissé un grand nombre d'ouvrages de critique et de littérature.

Sclaptoriana, in-8°, 50 pages.

Manuscrit autographe d'Hécart, relatif aux graveurs.

Sconiana. Memoranda of the antiquities, curiosities, history and present state of scone. *Edinburgh*, 1807, in-8.

Figures.

Scrapeana by John Croft. *York*, 1798.

Scrapiana or elegant extracts of wit, being a complete collection of humorous pieces in prose and in verse on a entire new arrangement and containing many original anecdotes and poems by eminent men. *Allman*, 1818, in-16.

Titre et frontispice gravés par Smith.

Scribleriana. J. A. Weiland. *Amst. en Rotterd. Immerzeel*, 1811, in-8.

Cité par Namur.

Sculptoriana. In-8, 76 pages.

Manuscrit autographe d'Hécart, relatif aux sculpteurs.

Seeleniana hoc est de vita mentis et scriptis sui plurimum reverendi amplissimi doctissimique Joannis Henrici a Seelen S.S. theol. licenciati dignissimi gymnasii Lubecensis rectoris mentissimi, polyhistoris celeberrimi commentatio varia simul sacra philologica consignata ab Em. Leop. Fred. Behmio Presbytanæ ecclesiæ. Han Suhnensis in Holsatia pastore; *Hamburgi sumptibus Jo. Christ. Kisneri*, 1728, in-8, 330 pages.

Portrait.

Seeleniana. J. H. a Seelen Miscellanea quibus commentatione varii argumenti sacri philologici antiquarii litterarii continentur. Pars I. *Lubecæ*, *Jon. Schmidium*, 1734, in-8.

Seeleniana. Pars II, *ibid.*, 1736.

Jean Henri à Seelen dit Selenius, né à Asell près de Stadt (Allemagne) en 1688, mort recteur à Lübeck, a laissé de nombreux ouvrages d'érudition et d'histoire.

Segraisiana ou mélange d'histoire et de littérature recueilli des entretiens de M. de Segrais, de l'Académie françoise, les Églogues et l'Amour guéri par le tems, tragédie-ballet du même auteur, non imprimés; ensemble la relation de l'Isle imaginaire et l'histoire de la princesse de Paphlagonie imprimées en 1646 par l'ordre de Mademoiselle. A *La Haye*, chez *Pierre Gosse*, 1722, in-8, 220 pages.

Quelques exemplaires portent *à Paris, chez Nicolas Le Clerc*. C'est à Paris, du reste, que ce *Segraisiana* fut imprimé, et par Antoine Galland.

Segresiana ou œuvres diverses de M. de Segrais, né à Caen, 1624-1701. *Hambourg*, 1756, 2 vol., in-12.

Cet *Ana*, comme le précédent, s'applique à J. Regnauld de Segrais, poète délicat et causeur brillant, né à Caen en 1624, mort en 1701.

Seldeniana.

Cité dans l'Épigramme de La Monnoye et dans la préface du *Casauboniana*.

On donne le nom de *Seldeniana* à l'ouvrage suivant : *Table talks, being the discourses of John Selden or his sense of various matters of weight and high consequence relating especially to the Religion and State. London, printed for J. Tomson and J. Churchill*, 1869, in-8.

Seldeniana, seconde édition, 1696.

J. Selden, jurisconsulte et écrivain anglais, un des plus beaux caractères de la révolution anglaise, naquit en 1584 et mourut en 1654.

Seldeniana, ou paroles remarquables de Jean Selden, jurisconsulte anglais, traduit en français par M. Galle, de Rouen. *Londres*, 1716, in-8.

Publié à Amsterdam.

Sevigniana, ou recueil de pensées ingénieuses, d'anecdotes littéraires, historiques et morales tirées des lettres de Madame la Marquise de Sévigné avec des remarques pour l'intelligence du texte. *A Grignan*, 1745, in-16, 398 pages.

Publié à Paris.

Sevigniana. A *Auxerre*, *L. Fournier*, et *Paris*, *Letellier*, 1797, VIII-388 pages.

Sevigniana, *Paris*, *Belin*, an XI, 2 vol. in-12, X-250 et 239 pages.

Ce *Sevigniana* est dû à l'abbé Pierre Barral, de Grenoble, mort en 1722.

Sevigniana ou esprit des lettres de Madame de Sévigné, histoires amusantes, scandaleuses, facétieuses, piquantes; bouffonneries, plaisanteries, railleries sur les grands et les petits personnages de la cour de Louis XIV, extrait des lettres de Madame de Sévigné. *Paris*, *Delarue*, s. d., in-32, 272 pages.

Par Anagramme Blismon. (Simon Blocquel de Lille.)

Marie de Rabutin Chantal, marquise de Sévigné, née en 1626 à Paris, morte en 1696, est célèbre par ses lettres.

Sheridaneana. *London*, 1826, in-8.

Cité par Namur.

Rich. Brinsley Sheridan, écrivain et orateur anglais, naquit en 1751 et mourut en 1816.

Simoniana ou les loisirs d'un chauffeur, à l'usage des oisifs. Par M. F. Simon, inspecteur général des chauffages de l'armée des côtes de l'Océan.

Simoniana. Seconde édition, revue, corrigée et augmentée. « *Qui veut de tout en aura.* » A *Valenciennes* et se trouve partout. *Chez les marchands de nouveautés*, an XII de la République et 1er de l'empire français, in-16, v-218 pages.

Assez rare. Mystification due à Robbé de Beauveset, de Vendôme, (1712-1792), poète et littérateur, auteur de l'*Imbecilliana* dont le *Simoniana* est ici la première édition.

Smokiana. Historical, ethnographical, by R. T. Pritchett. *London*, 1890, in-4, 102 pages.

Quarante-sept planches de dessins en couleurs, texte autographié. Description des pipes de tous les pays.

Socratiana.

Dans l'avertissement du *Menagiana*, on avait dit que Platon et Xénophon avaient eu soin de conserver dans leurs écrits ce qu'ils avaient entendu dire à Socrate, leur maître, et qu'on pourrait donner à ces écrits le nom de *Socratiana*... Bernier, dans l'*Anti Menagiana*, se moque de cette réflexion : « Quant au *Socratiana*, dit-il, pure vision. » (P. Adry.)

Sorberiana, sive excerpta ex ore Samuelis Sorbiere prodeunt ex musœo Francisci Graverol s. v. d. et academici regii Nemansensis. Accedunt ejusdem tum Epistola de vita et scriptis Samuelis Sorbiere et Joan. Bapt. Cotelier tum epulæ ferales, sive fragmenti marmoris Nemansini explanatio. *Tolosæ typis Guillelmi Ludovici Colomyez et Hier. Posuel regis typographi* 1691. Cum privilegio regis 1691, pet. in-12, 284 pages.

Sorberiana, Editio secunda auctior novis ejusdem Graverol seu dissertationibus tam latinis quam Gallicis. *Tolosæ*, 1694, in-12, 246 pages.

Sorberiana ou les bons mots, rencontres agréables, pensées judicieuses et observations curieuses de M. Sorbière. *Amsterdam*, *Gallet*, 1694, in-12.

Sorberiana. *Paris*, *Veuve Cramoisy*, 1694, in-18, 246 pages.

Samuel Sorbière, écrivain, né à Saint-Ambroix (diocèse d'Uzès), en

1615, historiographe du roi, a publié des ouvrages de morale et de politique. Il mourut en 1670.

Spectriana ou recueil d'histoires et d'aventures surprenantes, merveilleuses et remarquables, revenants, esprits, fantômes, gnomes, diables et démons. Manuscrit trouvé dans les Catacombes. *A Paris. L'Écrivain*, 1817, in-18, x-164 pages.

Frontispice colorié.

Spengleriana gesammelt und herausgegeben von M. Mayer mit Spengler's bildniss. *Nurnb., Campe*, 1830, in-12.

Spigeliana, Clavini Georg. Spigeli ana et epigrammatum centuriæ VI cum appendice. *Francofurti apud Samuelem Hockewiss*, 1710, in-8°.

Spiegel, poète hollandais, naquit à Amsterdam en 1549 et mourut à Alkmaar en 1612. Il a laissé des écrits qui lui ont valu le surnom d'Ennius hollandais.

Sportscrapiana. Cricket and shooting, pedestrian, equestrian, rifle and pistol doings, Lion hunting and deerstalking by celebrated Sportsmen, with hitherto unpublished anecdotes of the nineteenth Century, from Georges IV to the Sweep, edited by C. A. W. *London, Simpkin Marshal*, XVI-328 pages.

Sphinxiana ou recueil curieux d'énigmes, de charades et de logogriphes. « *Œdipe devint roi pour avoir su une énigme.* » *Lille, Castiaux*, s. d., 128 pages.

Frontispice colorié, couverture illustrée et calendrier pour 1824.

Sphynxiana ou recueil curieux d'énigmes, de charades et de logogriphes avec les solutions. *Lille, Blocquel, Castiaux*, 1817, in-32, 128 pages.

Frontispice colorié. Calendrier pour 1817.

Staëlliana ou recueil d'anecdotes, bons mots, maximes, pensées et réflexions de Mme la baronne de Staël Holstein, enrichi de notes et de quelques pièces inédites de cette femme célèbre, par Cousin d'Avalon. *Paris, Librairie politique,* 1820, in-18, 194 pages.

Portrait.

Anne-Louise-Germaine Necker, baronne de Staël, née en 1766, morte en 1817, a fourni une bonne part du fond d'idées politiques, littéraires et morales, sur lesquelles a vécu le commencement du XIXe siècle.

Stevensoniana, an anecdotal life and appreciations of Robert Louis Stevenson edited from the writings of J. M. Barrie, S. R. Crockett, G. K. Chesterton, Conan Doyle, Edmond Gosse, etc. *Edinburgh, John Grant,* 1907, gr. in-8°, XVIII-350 pages.

Robert-Louis Balfour Stevenson, né à Edimbourg en 1850, a écrit un grand nombre de romans dont la plupart ont été traduits en français.

Stewartiana containing the case of Robert II and Elizabeth Mure and question of Legitimacy of their Issue, with Incidental reply to Cosmo Innes Esq.; New evidence conclusive upon the origin of the Stewarts and other Stewarts' Notices, etc. to which are added Critical Remarks upon M. Inn's prefaces to his recently edited chartularies, interspersed with divers antiquarian matters, etc., by John Riddel. *Edinburgh Thom. G. Stevenson*, 1849, in-8°, XIV-146 pages.

Comme son titre l'indique, cet *Ana* est consacré aux Stuarts et à leur descendance.

Stultitiana, s. l., 1823, in-8°.

Cité par Namur.

Suhmiana samlede og udgivne ved Nyrup. *Copenhague,* 1799, in-8°.

Cité dans l'*Anagrapheana.*

P. Fred. Suhm, historien, né à Copenhague en 1728, mort en 1798 a laissé des ouvrages estimés de critique.

Swiftiana. Lord Chesterfield's witticisms or the grand Pantheon of genius, sentiment and taste. *Fell and Snagg, London,* 1770, in-12, 148 pages.

Swift (Jonathan), écrivain, né en 1667 à Dublin, mort en 1745, est l'auteur des « *Voyages de Gulliver* ».

T

Tabaciana. Recueil intéressant dédié aux Tabacomanes et aux antagonistes du cigare, de la pipe et de la tabatière, par Anagramme Blismon. (Simon Blocquel). *Paris*, *Delarue*, s. d. in-32, 278 pages.

De la Bibliothèque amusante.

Taisaniana.

Papillon, bibliothécaire à Bourges, dit que dom Claude Taisand, religieux de Citeaux, avait promis un *Taisaniana* recueilli des ouvrages manuscrits de son père, Pierre Taisand, avocat au Parlement de Paris et trésorier de France à Dijon. (P. Adry.)

Tapsiana ein Kleines Bündel Briefe des weit berühmten Theaterkritik Sosius von Taps, gerichtet an Cornelius, designirten Recensenten, im Nachlasse des ersten ausgefunden von Aletrophibus dem Jüngen. *Leipzig*, 1826, in-8.

Taubmanniana. *Lipsiæ*, 1703, in-8.

Taubmanniana, *Francofurti*, 1707.

Taubmanniana, *Francofurti*, 1728, in-12, 288 pages.

Comme on s'était plaint à La Monnoye qu'il ne parlât pas du *Taubmanniana* dans sa fameuse épigramme, il envoya à Le Duchat, le 6 juin 1716, l'addition suivante :

Mais pas un mot on ne donna
Touchant le Taubmanniana
Qui n'est qu'in lingua germana.

Frédéric Taubmann, né à Wonseich en Franconie, mort en 1613, a composé divers traités d'érudition.

Taubmanniana oder des launigen Wittemberger, Prof. Fr. Taubmann aus Wansen's leben, Einfälle und Schuftproben, Kritisch bearbeitet, mit Taubmanns, bildniss, *München*, 1831, in-12.

Telemaquiana.

Dans le *Selecta Litteriara*, Lilienthal parle d'un *Telemaquiana*, en ajoutant qu'il croit qu'il n'a pas paru. Cet ouvrage devait avoir été inspiré par la *Télémacomanie* qui venait de paraître (P. Adry.)

Tessiniana och Tessin, af Baron Ehrenstroëm. *Stockholm*, 1819, in-8.

Cité par Namur.

Tetoniana. Les seins dans l'histoire. Singularités recueillies par le docteur J. G. Witowski. *Paris*, *Maloine*, 1898-1907, 3 vol., gr. in-8, 352, 351 et VIII-380 pages.

Nombreuses figures. Couvertures illustrées.

Anecdotes historiques et religieuses sur les seins et l'allaitement, l'histoire du décolletage et du corset. Curiosités médicales, littéraires et artistiques; les seins dans l'histoire, etc., etc.

Thackerayana by Joseph Gregs. *London*, *Chatto and Windus*, 1875, in-12.xx-492 p.

William Thackeray, célèbre romancier anglais, né à Calcutta en 1811, a laissé de nombreux ouvrages humoristiques, traduits pour la plupart en français. Il est mort en 1863.

Themisiana ou recueil en vers et en prose, d'aventures plaisantes du palais, réparties singulières, gasconnades, bons mots des juges, des avocats et de leurs clients. « *Ne raillons point ici la magistrature.* » Rédigé par M. B. *Chicanopolis et Lyon*, *Chambert*, 1813, in-18, 96 pages.

Cet ouvrage dont Barbier ne parle pas, doit être de Maurice Bié ou de Mathurin Bonafous; plus vraisemblablement du premier.

Thuana sive excerpta ex ore Jacobi Aug. Thuani, per F. F. P. P. *Hagæ comitum*, *Adrian Vlacq*, 1669, in-12, 51 pages.

Edition donnée par Vossius d'après le manuscrit de Daillé. Des

Maizeaux l'a inséré aussi dans la collection d'*Ana* qu'il a publiée en 1740.

Jacques-Auguste de Thou, magistrat et historien de valeur, naquit en 1553 et mourut en 1617.

Torsœana, s. Thormodi Tarsæi notæ posteriores ad seriem Regum Daniæ praef. P. Suhm, *Kiöbenh*, 1778, in-4 figures.

Cité par Namur.

Toutlemondiana ou feu roulant de calembourgs. *Paris*, 1838, in-32, 158 pages.

Touquetiana ou biographie pittoresque d'un grand homme, en réponse à cette question : « Qu'est-ce que M. Touquet? » par M. Molto Curante, biographe à demi solde, membre de trente ou quarante sociétés, plus ou moins savantes. *« Pulchrum est monstrari et dicier : Hic est » (Pers. Sat.) Il est beau de se voir admirer et d'entendre les gens en vous voyant, s'écrier : « Le voilà, il est vivant ! »* *Paris, Cogez*, 1821, in-18, 223 pages.

Portrait.

Paul Touquet est un personnage fictif. On en a fait paltoquet.

Tychoniana ved *Ch. Gressing, Kiöbenhav*, 1770-72, 2 vol. in-8.

Cité par Namur.

V

Vadeana ou recueil d'anecdotes et de discours poissards ; ouvrage utile à la jeunesse qui veut se divertir pendant les jours gras. Chez Nanette Dubut, rue des Plaisirs, l'an de la joie 1812. *Paris, (Lille, Castiaux)*. In-32 de 128 pages.

Couverture illustrée. Frontispice colorié.

Jean Joseph Vadé, poète burlesque, né en 1719, mort en 1757, a été le véritable fondateur du genre poissard qui eut tant de vogue à la fin du dix-huitième siècle.

Vagabondiana or anecdotes of mendicant wanderers through the streets of London, with portraits of the most remarkable, drawn from the life by John Thomas Smith, Keeper of the prints in the British Museum. *London*, 1817, in-4°, VI-7-36 pages.

Trente-deux planches gravées, représentant les principaux types de vagabonds et de mendiants de Londres.

Vagabondiana. *London, Chatto and Windus.* 1874, in-8°.

Valesiana ou les pensées critiques, historiques et morales, et les poésies latines de M. de Valois, conseiller et historiographe de France, recueillies par M. de Valois, son fils. *Paris, Florentin et Pierre Delaulne*, 1694, in-12, 234 pages. (Poésies, 91 pages).

Orné d'un portrait gravé sur cuivre par Trouvain, d'après Merelle, et de deux planches de médailles gravées par Erdenger, des plus intéressantes au point de vue de la coiffure des dames romaines. Il y a une contrefaçon de cette édition, publiée sous la même date 1694. Presque tout le titre est en rouge. Au lieu du portrait se trouve le médaillon de M. de Valois.

Valesiana. Deuxième édition, 1695.

Henri de Valois (Valesius), célèbre érudit, naquit à Paris en 1603, et mourut en 1676.

Varillasiana ou ce que l'on a entendu dire à M. Varillas, historiographe de France, mis au jour par M. Boscheron. *Amsterdam, Zacharie Chastelain*, 1734, in-12, LIV-190 pages.

Antoine de Varillas, historien, né à Guéret en 1624, mort en 1696, a laissé de volumineux ouvrages dénués de valeur.

Vasconiana ou recueil de bons mots, des pensées les plus plaisantes et des rencontres les plus vives des Gascons. Lyon, Boudet, 1708, in-12, 485 pages.

Par le sieur de Montfort. Édition originale de ce recueil dont fut extrait, en 1809, le *Gasconiana* de Cousin d'Avallon.

Vasconiana. Deuxième édition. *Paris, Michel Brunet*, 1710. in-12.

Vasconiana. Troisième édition. *Lyon, chez les frères Bruyset,* 1730, in-12, 482 p.

Veneriana. Egide contre le mal de Vénus ou l'art de se préserver des maladies vénériennes, par Morel de Rubempré.

« *Principium dulce est sed finis amoris amarus,* »
« *Læta venire Venus, tristis abire solet* ». (*Ovide*).

Paris, Marchands de nouveautés, 1826, in-18, 129 p.

Vereliana, hoc est celeberrimi quondam viri Olaüi Verelli varia opuscula antehac maximam partem publicæ luci substracta cura studio et impensis Petri Schonberg *Lincopiæ*, 1730, in-8°, 528 pages.

Olaüs Verelius, suédois, a écrit de nombreux livres d'histoire.

Verulamiana, ed. by P. L. Courrier (?) *London,* printed for *R. Dutton,* 1803, in-12, XXVIII-319 pages.

Viaggiana or detached remarks on the buildings, pictures, statues, inscriptions, etc., of modern and ancient Rome by Stephen Weston, F. R. S. *London, Rivington and Elmsley,* 1776, in-12, VIII-176 pages.

Comme le titre l'indique, cet ouvrage est une description de la ville de Rome.

Vigneul Marvilliana.

Cité dans l'Épigramme de La Monnoye et dans *le Choix des Ana* de Grivel. A cette époque, il s'agissait de *Mélanges d'histoire et de littérature recueillis par M. de Vigneul Marville, Rouen et Paris. Augustin Besoigne*, 1699, in-12, 401 pages. (P. Adry.)

Le *Vigneul Marvilliana* était attribué au XVIIIe siècle à l'abbé de Garence ou à l'abbé de Tilladet. On sait aujourd'hui que l'auteur de ces mélanges est Dom Bonaventure Noël, d'Argonne, chartreux à Gaillon où il fit profession le 29 juillet 1663, et où il mourut le 28 janvier 1704.

Le *Vigneul Marvilliana* fait partie de la *Collection d'"Ana* publiée par *Garnier*, (*Amsterdam et Paris, Belin, an VII, 10 vol.*) où il occupe les tomes V et VI.

Visclediana ou analyse critique de l'Académie de Marseille, 1747, par Giraud.

C'est une satire qui n'est que manuscrite et qui est dirigée contre l'Académie de Marseille, surtout contre La Visclède qui en était le secrétaire perpétuel. On n'en connaît que deux exemplaires. (Beaucousin).

Voltairiana ou recueil des bons mots, plaisanteries, pensées ingénieuses et saillies spirituelles de Voltaire, suivi des anecdotes peu connues, relatives à ce philosophe et poète célèbre « *naturam amplectitur omnem* » par C. d'Aval. *Paris, Pillot,* an IX, in-18, VIII-148 p.

Portrait gravé par Bovinet.

Voltairiana. Deuxième édition, an IX-1801.

Voltairiana. Troisième édition considérablement augmentée. *Masson, Paris*, s. d., in-12, 216 pages.

Portrait gravé par Canu.

Voltairiana. *Paris, Tiger,* in-12, 324 pages.

Portrait non signé.

François-Marie Arouet de Voltaire, génie universel, né à Paris le 21 novembre 1694, mourut dans cette même ville le 30 mai 1778.

Voltairiana. Fredericiana, d'Alembertiana. Beaumarchaisiana. Trésor des bons mots, pensées, traits remarquables de ces personnages célèbres, publié par Anagramme Blismon. *Paris, Delarue*, s. d., in-32.

Par Simon Blocquel.

Voltariana ou éloges amphigouriques de F. M. Arouet de Voltaire, gentilhomme ordinaire, conseiller du roi en ses conseils, historiographe de France, etc. Discutés et décidés pour sa réception à l'Académie française. Nouvelle édition augmentée d'une pièce très intéressante : « La Malebosse ou nouvelle nuit de Straparole. » 2 part. en 1 vol. *Paris*, 1748, in-8°, 229, 271 et 28 pages.

Voltariana. Deuxième édition, 1749, 2 vol. in-12.

Attribué par Peignot à Travenol et à Mannory.

Vyacarana — a S. Paulino, à S. Bartholomeo. *London* 1804, in-4°.

Cité par Namur avec l'épithète « *gram-sanscrit* ».

W

Walpoliana. *London*, *Philipps*, s. d., in-16.

Portrait et fac-similé d'autographe.

Horace Walpole, fils du fameux ministre anglais, né en 1717, a pris rang parmi les écrivains comme poète, historien, publiciste, romancier et auteur dramatique. Il mourut en 1797.

Waltoniana. Inedited Remains in Verse and Prose of Isaac Walton, with notes and preface by Richard Herne Shepherd. *London*, *Pickering and C°*, 1878, pet. in-8°.

Isaac Walton, écrivain anglais, né à Stafford en 1593, mort en 1689, est l'auteur du « *Complete Angler* », si célèbre en Angleterre.

Warreniana with notes critical and explanatory by the editor of a quarterly review, by William Frederick Deacon. *London*, *Longman Hurst*, 1824, in-12, VIII-208 p.

C'est une satire faisant l'éloge des choses banales et de l'érudition à bon marché. On y parle entr'autres du cirage Warren et de son propriétaire.

Washingtoniana. *Baltimore*, *Samuel Sewer*, 1800, in-16, VIII-7-298-6 pages.

George Washington, le fondateur de la république des États-Unis, naquit à Bridge Creek en Virginie, en 1732, et mourut en 1799 à Vermont.

Wellingtoniana (übersetzt nach John Timbs), *Nordhausen*, *Adolf Buchting*, 1853, in-12, IV-5-192 p.

Arthur Colley Wellesley, duc de Wellington, né en 1669, surnommé « The Iron Duke », célèbre général anglais, mourut en 1852.

Whartoniana or Miscellanies in verse and prose by the Wharton family and several other persons of distinction. *London,* 1727, 2 vol. in-8°.

On connaît plusieurs savants anglais du nom de Wharton. Thomas médecin de Gresham, mort à Londres en 1673, et Henri, curé de Minster, mort en 1694.

Wigandiana, seu Joannis Wigandi Pomeraniensis quondam episcopi Anabaptissimi septem disputationibus in Athenaes Gedanensi ita excussum ut prœmium parallelismus inter anabaptistas et hodiernes novatores postea autem dissensus inter hosce et Wigandum proponatur. *Gedanæ*, 1702, in-8°.

Imprimé à Dantzick.

Struvius range injustement, selon Wolff, le *Wigandiana* dans la classe des *Arlequiniana*... Ce n'est même pas un *Ana*.

Lilienthal, dans ses *Selecta Litteraria,* dit qu'il lui est tombé entre les mains un manuscrit original de Jean Wigandus, contenant des singularités sur la vie de plusieurs théologiens de la Réforme et qu'il donnera peut-être un jour sous le nom de *Wigandiana*. (P. Adry.)

Y

Ypriana. Notices, études et documents sur Ypres. *Bruges*, 1878, 3 vol. in-8°, 1° XII-402, 2° 423, 3° 442 pages.

Grand nombre d'eaux-fortes par Boutry.

Yzopiana von C. G. Cramer. *Leipzig*, *Fleischer*, 1799, in-8°, figures.

Cité par Namur.

Z

Ziegleriana.

Georg. Beyerus, dans sa préface du *Brummeriana*, promet un *Ziegleriana* ou *Opuscula juridico philologhica*, du célèbre jurisconsulte Gaspard Ziegler, né à Lepsick en 1621, et mort à Wittemberg, en 1690 (P. Adry.)

Zouaviana. Étape de trente ans : 1868-98. Lettre de Rome, souvenirs de voyage, études, etc. Seconde édition, augmentée de nouvelles et d'extraits des cahiers de R. Boileau, de Chambly, par Aug. Ad. Drolet, ancien zouave pontifical. *Montreal*, 1898, pet. in-8°.

Couverture illustrée.

Le principal intérêt de cet ouvrage, orné de nombreux portraits, réside dans le « *Cahier de René Boileau*, » sorte de mémoire relatif au Canada, et des événements qui s'y sont passés de 1724 à 1831.

TABLE ALPHABÉTIQUE DES ANA

A

B

C

T

V

ACHEVÉ D'IMPRIMER LE 1er AVRIL 1910

SUR LES PRESSES DE H. BOUILLANT

POUR H. DARAGON, ÉDITEUR A PARIS

GRATIS SUR DEMANDE

Imprimerie de Saint-Denis, H. Bouillant, 47, boulevard de Châteaudun. — 179

MIRE ISO N° 1

AFNOR 92049 PARIS LA DÉFENSE

PRODUCTION SCRIPTUM PARIS

en conformité avec NF Z 43-011 et ISO 446:1991

www.ingramcontent.com/pod-product-compliance
Ingram Content Group UK Ltd.
Pitfield, Milton Keynes, MK11 3LW, UK
UKHW022113260726
13993UKWH00001B/485

9 782329 257785